Inhalt

Kapitel 7 Typisch Mädchen? Typisch Junge? 135

Kapitel 1

Kinder hier und anderswo

Rico: lebt mit seiner Mutter in einem Berliner Mietshaus, ist mit dem hochbegabten Oskar befreundet

Nora: lebt in Schweden, möchte zu Fannys Clique gehören, doch die mobbt die Außenseiterin Karin

Jakob: lebt in Berlin, ist von zu Hause weggelaufen und trifft den alten Obdachlosen Hugo

Juma: lebt in Tansania auf den Straßen der Stadt Daressalam, dort herrschen Angst und Kriminalität

Parvana: lebt in Afghanistan, muss zu Beginn der Taliban-Herrschaft die Schule verlassen

1. Diese Kinder begegnen dir in den Geschichten des ersten Kapitels. Suche auf der Karte die Länder, in denen sie leben.

2. Sammelt Informationen über diese Länder.

Gerhard Schöne

Lass uns eine Welt erträumen

Lass uns eine Welt erträumen, die den Krieg nicht kennt,
wo man Menschen aller Länder seine Freunde nennt.
Wo man alles Brot der Erde teilt mit jedem Kind,
wo die letzten Diktatoren Zirkusreiter sind.

Lass uns eine Welt erträumen, wo man singt und lacht,
wo die Traurigkeit der andern selbst uns traurig macht.
Wo man trotz der fremden Sprache sich so gut versteht,
dass man alle schweren Wege miteinander geht.

Lass uns eine Welt erträumen, wo man unentwegt
Pflanzen, Tiere, Luft und Wasser wie einen Garten pflegt.
Wo man um die ganze Erde Liebesbriefe schreibt
und dann lass uns jetzt beginnen, dass es kein Traum bleibt.

1. Fasse zusammen, von welcher Welt der Liedermacher Gerhard Schöne träumt.

2. Beschreibe die Welt, die du dir erträumst.

3. Besorgt euch in der Bibliothek die CD von Gerhard Schöne »Kinder-Lieder-Galerie« und singt das Lied gemeinsam.

Nazif Telek

Sesamring-Verkäufer

Einige Kinder sind Schuhputzer
von morgens bis abends.
Einige sind Sesamring-Verkäufer
auf den Straßen.
Einige sind Schneiderhelfer
in Schweiß gebadet bei der Arbeit.
Einige sind Teppichweber,
auch wenn sie krank sind.
Einige sind verkauft worden
für die Lust einiger Leute.
Welche sind Obstpflücker
in heißen Obstfeldern.
Einige sind im Krieg,
können gar nicht spielen.
Einige sind gestorben,
denn sie hatten nichts zu essen.
Einige haben von allem zu viel.

1. Notiere, wie das Leben von Kindern in diesem Gedicht beschrieben wird.

2. Erkläre die letzte Verszeile.

3. Schreibe ein Parallelgedicht zu »Sesamring-Verkäufer«.
Überlege dir zunächst, was du über die Kinder in deiner Umgebung weißt.

Rico kann zwar sehr viel denken, aber es dauert länger als bei anderen Leuten. An seinem Gehirn liegt es nicht, das ist normal groß. Aber manchmal fallen ein paar Sachen raus, und leider weiß Rico vorher nie, an welcher Stelle. Da lernt er den hochbegabten Oskar kennen. In seinem Ferientagebuch beschreibt Rico, wie ihn Oskar zum ersten Mal in seinem Wohnhaus in Berlin-Kreuzberg besucht.

Andreas Steinhöfel

Rico, Oskar und die Tieferschatten

Mama war ziemlich platt, dass jemand mich besuchen kam. Sie beschwert sich immer darüber, dass ich keine Freunde habe. Jetzt hatte ich einen. Er war zwar sehr klein und bestimmt auch sehr jung, aber das spielte für Mama offenbar keine so große Rolle. Sie fand Oskars blauen Motorradhelm viel interessanter.

»Seit wann trägt man solche Dinger beim Radfahren?«, sagte sie.

Sie lehnte mit dem Hintern gegen den Küchenherd, ihre Kaffeetasse in den Händen, an der sie immer wieder nippte.

»Ich hab kein Fahrrad«, sagte Oskar. Seine Stimme klang gedämpft, weil das Visier des Helms immer noch runtergeklappt war.

»Na, ein Motorrad aber sicher auch nicht.«

Oskar guckte sie an, als wäre sie nicht ganz richtig im Oberstübchen. Immerhin klappte er jetzt endlich das Visier hoch. Seinen Mund konnte man trotzdem nicht richtig sehen, nur die obere Reihe seiner großen weißen Zähne. »Es ist gefährlich ohne Helm«, erklärte er, als wäre Mama das Kind und er der Erwachsene. »Es passieren ständig irgendwelche Unfälle.«

»Aber nicht in meiner Küche, junger Mann!« Mama klang fast ein wenig beleidigt. »Rico wird dir das sicher bestätigen.«

Ich runzelte die Stirn. »Ich hab mir vor einer Woche den Kopf am Kühlschrank gestoßen.«

»Das war kein Unfall«, winkte Mama ab. »Du bist bloß zu schnell aus dem Flur gekommen und gegen die geöffnete Tür gerannt.«

Oskar fühlte sich unwohl in Mamas Gegenwart, das konnte ich sehen. Er lugte unter dem oberen Rand des Helms hervor wie eine erschreckte Schildkröte. Er trug ein anderes Hemd als am Samstag, aber der knallrote Flieger mit der abgebrochenen Flügelspitze war wieder daran festgemacht, auf Brusthöhe über dem Herzen. Seine kleinen Finger tippten nervös auf dem Tisch herum, rapp-tippi-tapp. Wahrscheinlich befürchtete Oskar, Mama fände ihn unhöflich und würde ihn gleich auffordern, den Helm endlich abzunehmen.

Ganz falsch lag er damit nicht, aber auch nicht ganz richtig. Mama kennt sich aus mit komischen Leuten. Ihre erste Regel ist, nie jemanden zu drängeln, der nicht freiwillig mit etwas rausrückt. Jedenfalls nicht mit Worten. Aber sie guckt. Sie guckt die Leute so lange an, bis sie es nicht mehr aushalten und endlich loslegen.

Jetzt guckte sie Oskar an, mit dem neugierigen Blick eines Naturforschers, der soeben eine völlig neue Pflanzenart entdeckt hat. Ich war auch neugierig, wie Oskar unter dem Helm aussah. Vielleicht hatte er in Wirklichkeit gar keine Angst vor Unfällen. Vielleicht hatte er nur zwei ganz komische Ohren, für die er sich schämte. Oder gar keine – wie ein Entführungsopfer […], bei dem das Lösegeld nicht ganz gereicht hatte.

Oskars Finger wurden immer langsamer, dann hörten sie mit dem Getippe auf. Er hob den Kopf, sah Mama direkt in die Augen und sagte: »Sie können mich ruhig weiter anstarren, solange Sie wollen. Das macht mir nichts aus. Aber dann starre ich zurück.«

Und das tat er. Zum ersten Mal fiel mir richtig auf, wie grün seine Augen waren. Sie funkelten richtig. Nicht böse oder streitlustig. Sie funkelten einfach deshalb, weil Oskar solchen Spaß am Zurückstarren hatte. In diesem Moment beneidete ich ihn brennend um seine Hochbegabung. Wenn Mama mich anstarrt, schaue ich lieber sofort zu Boden und tue ganz interessiert, als würden da plötzlich bunte Ameisen rumlaufen oder als würde der Teppich ein bisschen brennen. Auf die Idee, ihrem Blick einfach standzuhalten, war ich noch nie gekommen.

Ich war gespannt, wer von den beiden gewinnen würde.

1 Wer gewinnt den Anstarrkampf? Begründe deine Vermutung.

2 Schreibe auf, was du bis hierher über Oskar, Rico und Ricos Mutter erfährst.

Mama war meine Mama, also sollte ich eigentlich zu ihr halten. Sie machte ihre Sache gut und zuckte mit keiner Wimper. Aber Oskar war viel kleiner als sie, und auch wenn er ebenfalls nicht mit der Wimper zuckte, fand ich den ganzen Anstarrkampf ein bisschen unfair. Entweder Mama dachte das auch, oder sie hatte keine Lust mehr. Jedenfalls sagte sie auf einmal:

»Ich brauch neue Fußnägel.«

Oskar und ich guckten gleichzeitig auf ihre Fußnägel. Auf jedem war ein winziger Delfin drauf, nur auf die beiden kleinen Nägel hatten keine gepasst.

»Was wollen Sie denn statt der Delfine draufkleben?«, sagte Oskar, und es klang wie ein Friedensangebot.

Mama zuckte die Achseln. »Mal sehen. Vielleicht irgendwelche anderen Fische.«

Sie stellte ihre Kaffeetasse auf der Spüle ab, raffte den japanischen Morgenmantel zusammen und ging aus der Küche. Oskar wartete, bis sie außer Hörweite war, dann sagte er leise in meine Richtung: »Delfine sind keine Fische.«

»Sie mag dich«, sagte ich.

Er schüttelte den Kopf. »Sie weiß noch nicht, ob sie mich mag. Sie findet mich komisch, wegen des Helms.« Er klappte das Visier wieder runter. Seine Stimme klang jetzt wieder ganz dröhnig. »Jedes Jahr verunglücken fast vierzigtausend Kinder in Deutschland. Beinahe jedes dritte als Beifahrer in Autos. Fast vierzig Prozent mit dem Fahrrad. Und fünfundzwanzig Prozent als Fußgänger.«

Mathe! Ich hab's ja schon erwähnt: Da geht bei mir gar nichts mehr.

»Die meisten erwischt es auf dem Schulweg und nachmittags beim Spielen«, murmelte Oskar düster weiter. »Von den Radfahrern die meisten, weil sie die falsche Fahrbahn benutzen. Von den Fußgängern die meisten, weil sie, ohne zu gucken, über die Straße rennen. Ich gucke immer. Immer!«

Mir fiel ein Unterschied zwischen uns auf. Ich habe fast dauernd gute Laune, weiß aber nicht so viel. Oskar wusste jede Menge merkwürdiger Dinge, aber seine Laune war dafür im Keller. Bestimmt ist das so, wenn man sehr schlau ist – es fallen einem zu allen schönen Sachen auch gleich noch ein paar schreckliche ein.

Ich sprang auf. Mir war eine Idee gekommen. »Ich zeig dir was«, sagte ich. »Es ist völlig ungefährlich und ganz toll!«

»Was denn?« [...]

»Wir gehen rauf in den Fünften«, sagte ich mit gesenkter Stimme.

»Was ist da?«

»Na, der Fünfte.«

»Ich meine, was wollen wir da?«

Ich grinste. »Du wirst schon sehen. Ich hoffe, du bist schwindelfrei.«

»*Schwindelfrei?*«, kreischte Oskar wieder los. Es klang wie eine durchgedrehte Alarmsirene. »Du willst doch nicht etwa mit mir aufs *Dach?*« [...]

3 Wie verläuft der erste Besuch von Oskar? Erzähle den Textabschnitt nach.

4 Schreibe auf, wie die Geschichte weitergehen könnte.

Wenn man in der Mitte des Dachgartens steht, die Arme ausgestreckt und sich im Kreis dreht, kann man in jede Himmelsrichtung über Berlin gucken. Man sieht hunderte von Häuserdächern und tausende grüner Baumkronen, die gläserne, in der Sonne blitzende Reichstagskuppel, jede Menge Kirchtürme, den Fernsehturm am Alex, die Hochhäuser am Potsdamer Platz und, ein bisschen weiter weg, sogar das Schöneberger Rathaus. [...] Dreht man sich etwas schneller, flirren all diese Bilder ineinander und es wird einem schwindelig. [...]

Oskar war von alldem kein bisschen beeindruckt. Er drückte sich mit dem Rücken gegen die Terrassentür, und was der Helm von seinem Gesicht freigab, war sehr bleich. Sogar seine Stimme war irgendwie bleich, als er sich beklagte. Und vorwurfsvoll.

»Du hast gesagt, hier oben wäre es toll und ungefährlich!«

»Ist es doch auch.«

Meine Hoffnung, er würde den Helm mal abnehmen, konnte ich mir wohl abschminken. Was war bloß mit ihm los? Ich hatte angenommen, dass jemand, der immer nur an geplättete Radfahrer und überfahrene Fußgänger dachte, sich über ein bisschen Abwechslung freuen würde. Und es *war* ungefährlich hier oben, außer natürlich, ein Flugzeug plumpste aufs Haus. Ich überlegte, ob ich Oskar fragen sollte, wie viel er über Flugzeugabstürze wusste, aber vermutlich war das keine gute Idee.

»Ich war noch nie auf einem Dach«, sagte er kläglich. »Und jetzt weiß ich auch, warum.« [...]

»Hast du eigentlich immer vor irgendwas Schiss?«, sagte ich.

»Das ist kein Schiss. Es ist Vorsicht.« [...]

»Reine Vorsicht«, wiederholte Oskar murmelnd. »Selbsterhaltungstrieb.«

5 Erkläre, warum Rico mit Oskar aufs Dach gehen möchte und warum Oskar Angst davor hat.

Eine Rollenkarte erstellen

Was ist eine Rollenkarte?

Auf einer Rollenkarte stehen wichtige Informationen zu einer Figur. Auf der Vorderseite steht ihr Name. Auf der Rückseite wird die Figur beschrieben.

Wozu dient eine Rollenkarte?

Mithilfe einer Rollenkarte kannst du dir eine Figur gut vorstellen. Außerdem kannst du dich leichter in sie hineinversetzen, bevor du sie in einer Szene als Rolle spielst.

Was gehört auf eine Rollenkarte?

Während des Lesens werden wichtige Informationen zur Figur gesammelt:

- Name, Alter, Wohnort;
- Aussehen, Kleidung;
- Eigenschaften, Verhalten;
- Gedanken, Gefühle;
- eine passende Aussage.

Hier siehst du ein Beispiel für eine Rollenkarte zu Rico:

Du wohnst in Berlin-Kreuzberg.
Du bist nicht besonders klug,
beobachtest aber sehr genau.
Du hast fast immer gute Laune.
Du bist neugierig und willst alles wissen.
Manchmal beneidest du deinen Freund
Oskar um seine Hochbegabung.
Zitat: »Mathe! Da geht bei mir
gar nichts mehr.«

1 Erstelle eine Rollenkarte zu Oskar oder zu Ricos Mutter.

2 Spielt dann Oskars Besuch bei Rico nach.

Nora geht in die 6. Klasse einer schwedischen Schule in Stockholm. Ihre Freundschaft mit Sabina ist vorbei, denn die gehört jetzt zu Fannys Clique. Ausgerechnet die Außenseiterin Karin rückt Nora nun auf die Pelle. Als Fanny und ihre Freundinnen eines Tages zu weit gehen, muss Nora sich entscheiden.

Annika Thor

Ich hätte Nein sagen können

Die Mädchen aus unserer Klasse hatten ein Fußballmatch gegen die Sechste aus der Högalidschule. Wir spielten auf dem Zinkendamm-Sportplatz. Es war das letzte Spiel der Meisterschaften von Söder. Unsere Mannschaft stand auf einem ziemlich guten Tabellenplatz. Fanny ist bärenstark und wird mit jeder Gegenspielerin fertig. Maja ist eine prima Torhüterin. Und ich bin schnell und eine ziemlich gute Torschützin.

Ich schoss tatsächlich das erste Tor des Spiels. Auf der Tribüne saßen die Jungs aus unserer Klasse und die ganze 6 A und feuerten uns an. Sogar Gunilla schrie: »Heja, Nora!«

Das war ein schönes Gefühl, ein Gefühl, wie wenn man an einem Sommermorgen hinaus in den Sonnenschein kommt. An diesem Septembertag schien keine Sonne, es war grau verhangen und ziemlich kalt. Die Zuschauer auf der Tribüne hatten warme Jacken an.

Die anderen aus der Mannschaft umarmten mich. Alle außer Fanny. Die musste sich gerade die Schuhe zubinden. Und Karin, die an der

Außenlinie stand und mehr zuguckte als mitspielte. Das macht sie immer. Sie kann einfach nicht spielen, aber in der anderen Mannschaft gab es auch so ein paar hoffnungslose Typen, die nur zugucken durften, deshalb war das nicht so schlimm.

Es waren noch einige Minuten bis zur Halbzeit und Fanny hatte den Ball. Ich stand frei in der gegnerischen Hälfte. Ich hätte aufs Tor schießen können, wenn ich den Ball bekommen hätte.

Aber ich bekam ihn nicht. Fanny schoss selbst. Aus einem unmöglichen Winkel, sie hatte keine Chance, das Tor zu treffen.

Und sie traf auch nicht.

Der Schiedsrichter pfiff und die erste Halbzeit war vorbei. [...]

Die Mädchen aus der Högalidschule schossen zu Beginn der zweiten Halbzeit ein Tor und dann passierte eine Weile nicht viel. Ich dachte schon, es würde 1:1 ausgehen – als Fanny den Ball bekam und weit in die gegnerische Hälfte eindrang, ohne dass jemand sie aufhalten konnte. Als sie schon aufs Tor schießen konnte, wurde sie von der linken Verteidigerin angegriffen und der Ball rollte zur Außenlinie.

Dort stand Karin. Sie starrte den Ball an, als wüsste sie gar nicht, was das für ein Ding war, aber dann stoppte sie ihn doch mit dem Fuß.

»Hierher!«, brüllte Fanny, die immer noch eine gute Schussposition hatte.

Karin versuchte es. Aber der Ball landete direkt vor den Füßen von Högalids Linksaußen, die ihn weiterspielte, und dann war der Ball wieder in unserer Hälfte. Die beste Torschützin von Högalid bekam ihn und Maja kam eine Zehntelsekunde zu spät.

»Tor!«, schrien sie. »Tor!«

Fanny ging zu Karin und baute sich dicht vor ihr auf.

»Was hast du da für eine Scheiße gebaut, du blödes Stück! Hau bloß ab und setz dich hin!«

Lotta, unsere Sportlehrerin, sah es sofort. In dieser Beziehung ist sie gut, sie lässt es nicht zu, dass jemand verhöhnt wird, der nicht so gut ist wie die anderen.

»Hör auf, Fanny«, flüsterte Sabina, als sie Lotta kommen sah.

»Fanny!«, sagte Lotta. »Wenn ich noch mal so was von dir höre, dann sitzt du für den Rest des Spiels auf der Bank.«

»Wenn hier einer rausmuss, dann ist es wohl die da«, sagte Fanny trotzig. »Die macht doch alles kaputt!«

Aber Lotta blieb hart.

»Ich warne dich ein letztes Mal. Noch ein Wort und du fliegst raus. Kapiert?«

Fanny zuckte mit den Schultern.

Kurz vor Spielende bekam ich den Ball wieder, ein paar Meter vom gegnerischen Tor entfernt. Zwei ihrer Spielerinnen waren noch zwischen mir und dem Tor. Aber ich sah die Lücke und schoss. Die Torhüterin hechtete nach dem Ball, aber er flog an ihren ausgestreckten Händen vorbei.

»Tor!«

Die ganze Mannschaft schrie und umarmte mich. Die Jungen und die ganze 6 A kamen von der Tribüne gelaufen. Alle wollten mich anfassen. Sogar Tobbe, der mich sonst gar nicht sah, klopfte mir auf den Rücken.

»Klasse Tor«, sagte er.

Da bekam Sabina einen schwarzen Blick. Fanny nahm sie am Arm und zog sie mit sich vom Platz. Ich sah, dass sie Sabina etwas zuflüsterte, aber ich konnte es nicht verstehen.

Wenn ich daran denke, was danach geschah, wünschte ich fast, ich hätte dieses Tor nicht geschossen. Eigentlich ist es ja egal, wer ein Fußballspiel gewinnt. Jedenfalls gibt es Sachen, die wichtiger sind, als gut Tore schießen zu können. [...]

1 Beschreibe den Spielverlauf. Achte darauf, wer ein Tor schießt und wie es dazu kommt.

2 Welche Meinung habt ihr zum Verhalten der Mädchen? Tauscht euch darüber aus.

Der ganze Aufruhr nach dem letzten Tor trug dazu bei, dass ich als Letzte in den Umkleideraum kam. Die andern hatten schon angefangen, sich umzuziehen. Sabina hatte geduscht und trocknete sich gerade mit einem rosa Handtuch ab. Aus ihren schwarzen Haaren tropfte es.

Fanny kam aus der Dusche. Sie hatte ein Handtuch um ihren Körper geschlungen. [...]

Karin zog sich in einer Ecke an. Sie hat eine besondere Art, sich nach dem Sportunterricht umzuziehen. Sie zieht sich nie ganz aus, sondern immer nur ein Kleidungsstück zur Zeit, und dann zieht sie sofort ein neues an. Sie will nicht mal ihre Unterwäsche zeigen, so sehr schämt sie sich für ihren Körper.

»Karin?«, hörte ich Fannys Stimme.

»Ja?«

»Duschst du eigentlich nie?«

Fanny wusste natürlich, dass Karin nie in der Schule duschte.

»Doch, ich ...«, murmelte Karin.

»Was hast du gesagt? Ich hab dich nicht verstanden«, sagte Fanny höhnisch.

Sie ging in Karins Ecke und hielt sich die Nase zu.

»Doch, zu Hause ...«

Ich wollte nichts mehr hören. Ich ging in den Duschraum und hängte mein Handtuch an einen Haken. Aus dem Umkleideraum hörte ich Fannys Stimme: »Wie eklig! Wenn jemand nach dem Match nicht duscht. Wahrscheinlich ziehst du wieder dieselben Klamotten an und sitzt damit in der Klasse und riechst.«

Das war gemein. Karin riecht nicht schlecht. Im Gegenteil, sie riecht nach Seife und frisch gewaschener Kleidung. Dass sie nach dem Sportunterricht nicht duscht, macht überhaupt nichts, denn sie tobt nicht herum wie wir anderen und schwitzt nicht unter den Armen.

Ich stellte mich in die Dusche, drehte den Wasserhahn auf und seifte mich ein. Eine Weile ertränkte das Brausen der Dusche die Stimmen aus dem Umkleideraum. Aus den Augenwinkeln sah ich, dass Fanny und Sabina in den Duschraum zurückkamen. Sie hatten sich in ihre Handtücher eingewickelt und flüsterten miteinander. Ich kriegte nicht mit, was sie vorhatten, und ich wollte es auch gar nicht wissen.

»Karin!«, rief Fanny. »Komm mal eben her!«

»Warum?«, hörte ich Karin aus dem Umkleideraum antworten.

»Wir wollen dir was zeigen«, sagte Fanny.

Ich drehte mich um und sah Maja an der Tür zwischen Dusch- und Umkleideraum. Sie nickte Fanny zu, die mitten im Raum stand. Mit dem Wasserschlauch. Er war auf die Tür gerichtet und Fanny nickte zurück.

Sabina stand an der Wand, wo der Wasserschlauch befestigt war. Ihre Hand lag auf dem Wasserhahn.

»Komm endlich!«, rief Fanny.

Karin erschien in der Tür, vollständig angezogen.

»Was ist?«, fragte sie.

Alles ging so schnell. Maja machte die Tür von der anderen Seite hinter Karin zu. Fanny richtete den Schlauch auf Karin. Sabina drehte den Hahn auf.

Der eiskalte Wasserstrahl traf Karin voll.

Ich musste es mit ansehen. Ich wollte es nicht, aber ich musste.

Das Wasser strömte über ihren Kopf und ihren Körper. Das Haar klebte an ihren Wangen und die Kleidung war schon durchnässt. Karin bibberte und weinte, aber sie versuchte nicht zu fliehen.

»Aufhören!«, sagte eine kleine dünne Stimme. Ich merkte, dass es meine eigene war.

Niemand hörte es.

Ich weiß nicht, wie lange sie das trieben. Es kam mir vor, als ob es eine Ewigkeit dauerte, aber vielleicht war es nur eine halbe Minute. Schließlich sagte Fanny: »Jetzt reicht es.«

Sabina drehte das Wasser ab und Maja öffnete die Tür zum Umkleideraum. Karin stürzte hinaus und im nächsten Augenblick knallte die äußere Tür zu.

Wie kommt es, dass manche Menschen sich nicht verteidigen können? Dass sie einfach aufgeben? Es waren vier gegen eine, aber wenn ich an Karins Stelle gewesen wäre, ich hätte es versucht. Ich hätte gegen ihre Beine getreten, hätte gebissen und versucht, sie an den Haaren zu reißen. Auf die Art hab ich mich immer verteidigen können. Ich bin klein, aber stark, und ich hab keine Angst vor Größeren.

3 Stelle den genauen Ablauf der Ereignisse dar. Unterscheide zwischen dem Verhalten von Nora und dem der anderen vier Mädchen.

4 Erstellt Rollenkarten zur Ich-Erzählerin Nora, zu Fanny, Maja, Sabina und Karin sowie zur Sportlehrerin Lotta.

5 Stellt euch vor, die Sportlehrerin kommt in den Umkleideraum. Spielt die Aussprache zwischen ihr und den Mädchen mithilfe eurer Rollenkarten.

6 Zwei Textstellen sind kursiv gedruckt. Hier äußert Nora ihre Meinung zu dem Geschehen. Überlege dir zwei weitere Stellen, an denen du Gedanken von Nora ergänzen kannst.

Als die radikal-islamischen Taliban 1997 die politische Macht in Afghanistan übernehmen, bedeutet das für viele Menschen große Veränderungen in ihrem privaten und beruflichen Leben. Auch die 11-jährige Parvana und ihre Familie sind von den strengen Verboten betroffen.

Deborah Ellis

Die Sonne im Gesicht

Ein Mädchen in Afghanistan

Ich kann diesen Brief genauso gut lesen wie Vater«, flüsterte Parvana in die Falten ihres Tschadors. »Zumindest fast so gut.« Sie wagte nicht, diese Worte laut auszusprechen. Der Mann, der neben ihrem Vater saß, wollte ihre Stimme gewiss nicht hören. Keiner auf dem großen Markt von Kabul wollte ihre Stimme hören. Denn Parvana war nur deshalb hier, weil sie ihrem Vater dabei helfen musste, zum Markt zu kommen und nach der Arbeit wieder zurück nach Hause. Sie saß gut verborgen auf ihrer Decke. Ihr Kopf und der Großteil ihres Gesichts waren von ihrem Tschador bedeckt.

Eigentlich sollte Parvana überhaupt nicht auf der Straße sein. Die Taliban hatten befohlen, dass alle Mädchen und Frauen in Afghanistan in ihren Häusern bleiben sollten. Sie hatten den Mädchen sogar verboten, zur Schule zu gehen. Parvana hatte die sechste Klasse der Grundschule verlassen müssen, und ihre Schwester Nooria durfte nicht mehr in die Mittelschule gehen. Ihre Mutter, die bei einem der Radiosender von Kabul als Journalistin gearbeitet hatte, war von einem Tag zum anderen entlassen worden. Seit über einem Jahr waren sie nun mit der fünfjährigen Maryam und dem zweijährigen Ali alle zusammen in einem einzigen Zimmer gefangen.

Parvana konnte fast jeden Tag für ein paar Stunden ins Freie, weil sie ihren Vater beim Gehen stützen musste. Sie war immer froh, aus dem Zimmer herauszukommen, auch wenn das hieß, dass sie dann viele Stunden auf einer Decke auf dem harten Boden des Marktes sitzen musste. Das war zumindest irgendeine Abwechslung. Sie hatte sich sogar daran gewöhnt, den Mund zu halten, ganz still zu sitzen und ihr Gesicht zu verstecken.

Für ihre elf Jahre war Parvana sehr klein. Und als kleines Mädchen konnte sie sich normalerweise auf der Straße aufhalten, ohne dass die Taliban unangenehme Fragen stellten.

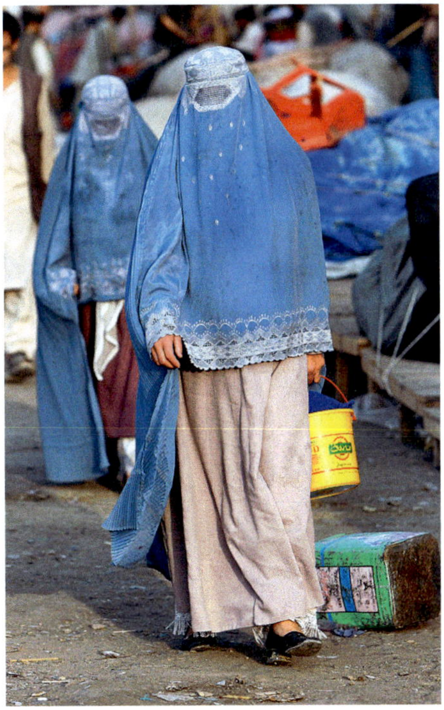
Frauen im Tschador

»Ich brauche das Mädchen, damit sie mich beim Gehen stützt«, sagte der Vater jedem Soldaten, der wissen wollte, was Parvana auf der Straße verloren hatte. Und er zeigte dann auf sein Bein. Der Vater hatte einen Fuß verloren, als die Mittelschule, an der er unterrichtet hatte, von einer Bombe getroffen worden war. Er hatte damals auch innere Verletzungen davongetragen und war nun oft sehr müde.

»Und ich habe keinen Sohn zu Hause, der mir helfen kann, nur ein Kleinkind«, erklärte der Vater.

Parvana duckte sich dann noch mehr zusammen und versuchte, noch kleiner auszusehen. Sie hatte Angst, den Soldaten aufzufallen. Sie hatte schon oft mit angesehen, wie sie Menschen, besonders Frauen, behandelten. Sie schlugen und peitschten alle aus, die ihrer Meinung nach aus irgendeinem Grund eine Strafe verdienten.

Wenn Parvana so Tag für Tag auf dem Markt saß, konnte sie eine Menge sehen. Aber wenn Soldaten der Taliban in der Nähe waren, hätte sie sich am liebsten unsichtbar gemacht.

1 Trage zusammen, wie sich das Leben von Parvana und ihrer Familie seit der Taliban-Herrschaft verändert hat.

2 Achte beim Weiterlesen darauf, was du über das Leben in Afghanistan erfährst.

Nun bat der Kunde den Vater, den Brief noch einmal vorzulesen. »Lies langsam«, sagte er, »damit ich es mir merken und meiner Familie berichten kann.«

Parvana hätte auch gerne einen Brief bekommen. Seit Kurzem funktionierte in Afghanistan wieder die Post, nachdem sie durch den Krieg jahrelang gestört gewesen war. Viele von Parvanas Freundinnen waren mit ihren Familien aus Afghanistan geflohen. Vermutlich nach Pakistan, aber Parvana wusste nichts Genaueres, deshalb konnte sie ihnen auch nicht schreiben. Sie selbst war mit ihrer Familie wegen der Bomben so oft umgezogen, dass ihre Freundinnen nicht mehr wussten, wo sie nun wohnte.

»Afghanen sind über die ganze Erde verstreut, wie Sterne über den Himmel«, sagte ihr Vater oft.

Der Vater hatte den Brief ein zweites Mal vorgelesen. Der Kunde dankte ihm und bezahlte. »Ich werde wiederkommen, wenn es Zeit ist, eine Antwort zu schreiben«, sagte er.

Die meisten Menschen in Afghanistan konnten nicht lesen und schreiben. Parvana war eine der wenigen Glücklichen, die es gelernt hatten. Ihre Eltern waren beide auf der Universität gewesen und glaubten an die Wichtigkeit der Bildung für alle, auch für Mädchen.

Der Nachmittag ging weiter. Kunden kamen und gingen. Die meisten sprachen Dari, die Sprache, die auch Parvana am besten beherrschte. Wenn ein Kunde Pashtu sprach, konnte sie das meiste verstehen, aber nicht alles. Parvanas Eltern sprachen auch Englisch. Der Vater war in England auf der Universität gewesen. Das war sehr lange her.

Auf dem Markt ging es lebhaft zu. Männer kauften für ihre Familien ein, fliegende Händler boten ihre Waren und Dienste an. Manche Händler hatten feste Plätze; die Teestände zum Beispiel. Mit dem großen Teekessel und den vielen Tabletts voller Teegläser konnte man nicht herumwandern. Deshalb gab es viele Teejungen, die mit einem Tablett voll Teegläsern in dem Labyrinth des Marktes herumliefen und den Händlern Tee brachten, die ihre eigenen Läden nicht verlassen konnten. Dann rannten sie mit den leeren Gläsern wieder zurück.

»Das könnte ich auch tun«, murmelte Parvana. Sie wäre so gerne auf dem Markt herumgewandert, hätte die engen, verwinkelten Gassen kennen gelernt, so gut, wie sie die vier Wände ihres eigenen Zuhauses kannte.

Der Vater wandte sich nach ihr um. »Ich würde dich lieber auf einem Schulhof herumlaufen sehen als hier!« Dann wandte er sich wieder um und rief den vorübergehenden Männern zu: »Haben Sie etwas vorzulesen? Haben Sie etwas zu schreiben? Pashtu und Dari! Wunderschöne Sachen zu verkaufen!«

Parvana runzelte die Stirn. Es war doch nicht ihre Schuld, dass sie nicht mehr zur Schule gehen durfte! Sie hätte viel lieber in einem Klassenraum gesessen als hier auf der unbequemen Matte, wo ihr der Rücken und der Po wehtaten. Parvana vermisste ihre Freundinnen, ihre blauweiße Schuluniform und die vielen neuen Dinge, die sie jeden Tag gelernt hatten.

3 Stelle dir vor, du dürftest nicht mehr in die Schule gehen.
Was würdest du vermissen?

4 Informiert euch über Afghanistan. Tragt zusammen, was ihr über die Landschaft, die Geschichte und das Leben der Menschen dort erfahrt.

Nach dem Tod seiner Mutter ändert sich für Juma alles: Mit der Stiefmutter versteht er sich nicht, der Vater wird zum Trinker. Juma läuft schließlich von zu Hause weg und sucht in der Hafenstadt Daressalam sein Glück. Doch das Leben als Straßenkind ist nicht leicht.

Nasrin Siege

Juma. Ein Straßenkind aus Tansania

Ich habe neue Freunde gefunden. Nyota und Muhamedi, die wir schon in den ersten Tagen getroffen haben, sind unzertrennlich – so wie Akbar und ich. Nyota ist kleiner als Muhamedi und sieht ganz pfiffig aus. Einmal habe ich beobachtet, wie er einen Mann anbettelte. Während er ihn ablenkte, hat Muhamedi versucht, dem Mann das Portmonee aus der Hosentasche zu ziehen. Der hat das aber gemerkt und Muhamedis Hand gepackt. Da hat Nyota ihn, so stark er konnte, ans Schienbein getreten und der Mann ließ Muhamedi sofort los. Wie der Blitz sind die zwei dann losgesaust. So schnell konnte ich nicht einmal gucken.

»Wenn du willst, kannst du mit uns kommen«, sagten sie heute Morgen. Aber ich bin lieber allein. Eines Tages werden sie bestimmt beim Klauen erwischt und dann möchte ich nicht dabei sein, denn ich weiß, was ihnen dann blüht. Sie werden von den Leuten an Ort und Stelle verprügelt und können nur hoffen, dass die Polizei eingreift und sie mitnimmt.

Ein paarmal habe ich gesehen, wie Polizisten Diebe festgenommen und abgeführt haben. Und die sind auch nicht gerade zimperlich mit ihnen umgegangen. [...]

Während Moussa jeden Tag vor dem Gefängnis auf seinen Bruder wartet, bewacht Akbar seit zwei Tagen parkende Autos in der Samora Avenue. [...]

Mein Bauch ist ein tiefes Loch. »Njaa inauma« – »der Hunger tut weh«, bettle ich die Passanten an. Zurzeit habe ich kein Glück. Zwei größere Jungen haben mich vertrieben, als ich wie Akbar Autos bewachen wollte, und niemand bleibt stehen und gibt mir was. Müde setze ich mich an den Straßenrand.

Wie es wohl ist, wenn man reich ist? Auf alle Fälle hat man nie Hunger. Hier in Dar[1] gibt es viele reiche Leute. Die meisten leben außerhalb der Innenstadt in prächtigen Häusern mit großen Gärten und hohen Mauern drum herum, und sie haben Autos. Damit fahren sie bestimmt jede Woche ins Kino, und weil sie Eintrittskarten kaufen, können sie den Film auch hören. Ihre Kinder haben bestimmt alle möglichen Spielsachen und Fahrräder und gehen in die Schule, weil sie das Schulgeld und die Schuluniform bezahlen können.

Der Hunger treibt mich hoch und ich laufe weiter. [...]

Auf dem Markt sehe ich Doto, der mit seinem Jutesack über der Schulter auf mich zukommt.

»Hast wohl Hunger?«, fragt er mich. Er öffnet den Sack, greift hinein und zieht eine halbe Karotte hervor.

»Hier, iss! Schmeckt gut und hilft!«

»Danke«, sage ich und beiße in die Karotte.

Doto nickt mir zu, hängt sich seinen Jutesack wieder um und will weitergehen.

»Warte auf mich«, sage ich hastig und laufe neben ihm her, obwohl mir Moussa erzählt hat, dass Doto am liebsten allein unterwegs ist. »Ich komme mit.«

»Wenn du willst«, sagt Doto zögernd und setzt seinen Weg fort. Immer wieder bleibt er an den verschiedenen Marktständen stehen und fast überall bekommt er etwas zugesteckt, mal eine angefaulte Gurke, woanders drei Kartoffeln und eine Zwiebel, dann wieder ein paar weiche Bananen.

»Die Leute kaufen das nicht mehr, ist ihnen zu schlecht. Und das ist mein Glück!«

Ich bleibe noch eine Weile bei Doto. Als er sich zu einem alten Mann an dessen Stand setzt und sich unterhält, winke ich ihm zu und verschwinde. [...]

1 *Abkürzung für* Daressalam

1 Notiere, was du über den Alltag der Straßenkinder erfährst.

2 Achte beim Weiterlesen darauf, wie die Kinder mit ihrem Hunger und ihrer Angst umgehen.

Am Hafen treffe ich Nyota und Muhamedi.

»Hast du Geld?«, fragt Nyota, und als ich ihm meine leeren Hände zeige, zieht er strahlend einen Tausender hervor.

»Komm, ich lad dich ein«, sagt er.

»Wo hast du den her?«

»Hab gearbeitet«, behauptet er und beide kichern. An einem Stand kauft er uns zwei Fleischspieße, drei Portionen gebratene Kartoffeln und eine Cola.

»Was hast du gearbeitet?«, frage ich.

»Hab was verkauft«, sagt er mampfend.

»Und was?«

»Geht dich nichts an«, sagt Muhamedi lässig.

Dann laufen wir zum Strand, ziehen uns aus und rennen ins Wasser. Es tut so gut, nicht hungrig zu sein, Freunde zu haben und im Meer zu baden. Als wir dann faul im Sand liegen, erzählt Nyota, dass er einen Autoscheinwerfer gestohlen und verkauft hat.

Muhamedi liegt halb zusammengekrümmt im Sand und riecht ab und zu an einer blauen Plastikdose. Er hat die Augen geschlossen und lächelt.

»Ich schnüffel nicht«, meint Nyota. »Davon wirst du nur blöd im Kopf.«

»Lügner!«, schreit Muhamedi. »Glaub ihm kein Wort! Er schnüffelt auch, und er raucht Bhangi[2]!«

Nyota stürzt sich auf ihn und laut schimpfend prügeln sie aufeinander ein.

»Hört auf!«, sage ich und versuche dazwischenzugehen, aber es dauert eine Weile, bis sie einander loslassen.

Wir waschen unsere Kleider im Meer und wollen so lange am Strand bleiben, bis sie trocken sind. Muhamedi ist inzwischen eingeschlafen.

»Ich bin nicht aus Dar. Ich komme aus Dodoma«, erzählt Nyota. »Das ist mehr als vierhundert Kilometer entfernt von hier und fast in der Mitte von Tansania. Meine Mutter hat noch zwei kleine Kinder. Sie wohnt auf der Pugu Road und bettelt die Autofahrer an. Ich besuche sie manchmal und bringe ihr Geld oder Essen.«

»Meine Mutter ist tot«, sage ich. »Und auch mein kleiner Bruder…«

»Mach dir nichts draus«, tröstet Nyota mich. »Sterben muss jeder.

2 *suaheli* Marihuana, eine pflanzliche Droge

Vielleicht sterbe ich ja morgen oder nachher. Das weiß nur Gott.«

»Wenn du weiter so klaust, lebst du bestimmt nicht lange.«

»Man muss sich nur nicht erwischen lassen, das ist alles!« [...]

Später ziehen wir unsere fast trockenen Sachen an und schlendern durch die Straßen.

»Ich hab Hunger«, sagt Nyota.

»Hier, nimm!«, sagt Muhamedi und hält ihm die blaue Klebstoffdose unter die Nase.

Nyota atmet tief ein. »Das hilft gegen den Hunger«, erklärt er mir dann. »Solltest du auch probieren.«

»Ich denk, du schnüffelst nicht!«

»Ach ja? Hab ich das gesagt?« Nyota lacht.

Zwei Mädchen betteln eine Ausländerin an, die ihr Auto vor einem Café parkt. Sie lächelt sie freundlich an und schüttelt den Kopf. Dann sieht sie uns und fragt, ob wir ihr Auto bewachen könnten.

»No problem, yes, Madam, no problem!«, sagt Nyota strahlend und die Frau läuft eilig auf die andere Straßenseite, gefolgt von den Mädchen, die sie immer noch anbetteln.

»Toyota«, sagt Nyota, während er und Muhamedi den Wagen von allen Seiten fachmännisch betrachten. »Sehen gut aus, die Scheinwerfer.«

Sie lachen, als sie mein erschrockenes Gesicht bemerken. »Keine Sorge«, beruhigt mich Nyota, »wir klauen sie schon nicht. Wir passen auf, dass niemand anders sie klaut.« Als die Frau zurückkommt, gibt sie jedem von uns hundert Shilling.

Wir bewachen hier noch andere Autos. Am Abend habe ich so insgesamt neunhundert Shilling verdient. Das war also doch kein Pechtag heute!

Später nehme ich Nyota und Muhamedi mit zum Nyumba mbovu[3], wo ich Akbar und Moussa treffe. Heute ist einiges los hier. Ich sehe viele neue Gesichter und mehr Mädchen als zuvor.

Moussa ist müde und traurig. Er hat Hunger und wir geben ihm etwas zu essen. Als es dunkel wird, machen wir ein Feuer, und Muhamedi holt wieder seinen Klebstoff hervor.

»Probiert doch mal«, sagt Nyota zu Akbar. »Das ist gut! Du vergisst deine Sorgen, nichts stört dich, du vergisst sogar, dass du eben noch Hunger gehabt hast!«

Als Moussa nach der Dose greifen will, tritt Akbar gegen seine Hand und Moussa schreit auf.

»Dieses Mistzeug!«, schreit Akbar wütend. »Weißt du denn nicht, dass du dabei dein Gehirn verlierst? Und dann vergisst du alles! Wenn du Saidi[4] vergessen willst, dann nimm das Zeug! Aber lass mich dann in Ruhe!«

Moussa guckt ihn mit großen Augen an, und als Nyota ihm die Dose erneut hinhält, schüttelt er den Kopf.

Schweigend beobachten wir, wie Nyota und Muhamedi abwechselnd schnüffeln. Bald scheinen sie uns vergessen zu haben.

3 Abrisshaus, in dem Juma die Nächte mit anderen obdachlosen Kindern und Jugendlichen verbringt
4 Moussas großer Bruder, der im Untersuchungsgefängnis für Kinder sitzt

3 So wie Nyota und Muhamedi schnüffeln viele Straßenkinder oder nehmen Drogen. Suche Textstellen, an denen deutlich wird, warum sie das tun.

4 Schreibe zu jedem der sechs Straßenjungen auf, was du über seine Situation erfährst. Trage deine Ergebnisse geordnet in eine Tabelle ein: Familiensituation, Freunde, Beschaffen von Geld oder Lebensmitteln, Drogen, Kriminalität.
Suche aus dem Text heraus, welche Gegenstände für die Kinder wichtig sind, und zeichne sie zu den Namen.

5 Sucht aus dem Text Beispiele für den Zusammenhalt der Jungen heraus. Wie helfen sie sich gegenseitig?

Fachübergreifendes

Straßenkinder

Für Kinder, die auf der Straße leben, sorgen keine Eltern. Sie haben kein bequemes Bett an einem sicheren Ort. Sie versuchen, Geld und Lebensmittel zu erbetteln oder mit Gelegenheitsjobs Geld zu verdienen. Manche werden kriminell und stehlen, andere müssen mit Prostitution Geld verdienen. Aufgrund ihrer ungesunden Lebensweise sind Straßenkinder häufig von Krankheiten bedroht. Außerdem sind sie oftmals Opfer von Gewalt. Von der Polizei werden sie nicht selten gejagt, geschlagen und eingesperrt. Um den Hunger und die Angst zu vergessen, nehmen viele Straßenkinder Drogen. Sie schnüffeln zum Beispiel Klebstoff, um sich zu betäuben.

Weltweit gibt es über 100 Millionen Straßenkinder. Diese Kinder und Jugendlichen unter 18 Jahren haben entweder keine Eltern mehr oder sind von zu Hause fortgelaufen. Meist sind sie obdachlos und müssen um ihr Überleben kämpfen. In vielen Städten gibt es inzwischen aber auch Einrichtungen von Hilfsorganisationen, die Straßenkindern eine Unterkunft anbieten und ihnen eine Ausbildung ermöglichen. Allerdings ist es nicht einfach, das Vertrauen dieser Kinder zu gewinnen. Denn Erwachsene haben ihnen schon viel Leid zugefügt.

Straßenkinder gibt es zwar vor allem in armen Ländern, aber auch in Deutschland leben schätzungsweise 7000 Minderjährige zeitweilig auf der Straße, über die Hälfte davon in Berlin.

1 Trage zusammen, was du über das Leben der Straßenkinder erfährst.

2 Vergleicht, was davon auf Juma zutrifft.

3 Suche im Internet weitere Informationen zu den Lebensbedingungen von Straßenkindern.

Seit Jakobs Vater seine Arbeit verloren hat, gibt es in der Familie Probleme. Schließlich läuft Jakob von zu Hause weg. Am Berliner Bahnhof Zoo lernt er Hugo kennen. Dieser alte Obdachlose wird für kurze Zeit so etwas wie ein Freund.

Benno Pludra

Jakob heimatlos

Vom Café aus, vor den breiten, teilweise schon geöffneten Türen, hat man runde Tische über den halben Gehsteig verteilt, Stühle aus Rattanrohr dazu, auf denen erste Gäste sitzen. Kaffeeduft weht, Löffelchen klimpern und die blauen Schürzchen von drei Serviererinnen sind emsig unterwegs.

»Guck nicht so hin«, sagt der alte Hugo zu Jakob. »Sonst denken die noch, du willst ein Kringelchen haben, geschenkt«, aber Jakob, am U-Bahn-Gitter aufrecht neben dem alten Hugo, hat nur Spaß daran gehabt, wie die Serviererinnen liefen und liefen, ein Lächeln übrig für jeden Gast.

Mareike, denkt Jakob, könnte das auch, freundlich zu jedem, der es verdient. Aber weiß man das hier, wer Freundlichkeit verdient? Der Kerl dort hinten bestimmt schon nicht: Dreitagebart und tätowierte Arme, sein Blick in die Runde ist finster.

Der alte Hugo bemerkt schon wieder, wohin denn Jakob so ausdauernd guckt, und sagt: »Den lass mal zufrieden, den Herrn.«

»Herrn?«, sagt Jakob.

»Setz dich mal, setz dich hin.«

Aber Jakob setzt sich nicht hin. Zu neugierig ist er auf alles, was da an ihm vorübertreibt: Leute und Leute, eine bunte Herde ohne Ende. Gemächlich die meisten, auf Bummeltour oder so, an ihnen links oder rechts vorbei die Unruhegeister, Mädchen jetzt mit grünen, gelben, roten Haaren, hochgetürmt wie Hühnerfedern – kaum gesehen, schon entschwunden – nur ihr Gegacker noch sekundenlang vor seinen Ohren.

In Hellersdorf draußen hat Jakob das auch schon gesehn, und Sabine, die kleinere Schwester, hat gesagt, dass sie ihre Haare später zweifarbig machen wird, Violett vielleicht mit Grün, und Mareike, fünf Jahre älter, hat ihr einen Vogel gezeigt.

Mareike, denkt Jakob, Sabine. Was werden sie sagen jeden Abend? – Jakob wieder nicht da? Ob er noch kommt? Was ist ihm eingefallen, weiß das einer? – Verschwunden einfach und weg. Ohne Spur.

Mareike, denkt Jakob, Sabine, und kämen sie jetzt mal beide hier an ihm vorbei, in dieser bunten Herde, dann könnte wohl sein, er ginge mit. Tschüss zu Hugo und mit Mareike und Sabine mit. Aber das sind Wunschgedanken, die Jakob keinem sagen würde. Er steht alleine hier, niemand kommt vorbei. [...]

Er könnte aber ruhig ein Stück mal selber gehen, denn es gibt nichts zu tun für ihn den ganzen Tag, hier am U-Bahn-Gitter bei Kranzler. Bisschen aufpassen kann er, hat Hugo gesagt. Nicht mit Stielaugen aber, sondern mehr wie nebenbei, auf Kerle achten, die vielleicht mit der alten Seemannsmütze abhauen wollen, gegen Mittag ungefähr, wenn das abgetragene Innenfutter von silbrigen Münzen bedeckt sein wird.

»Gibt's das?«, hat Jakob gefragt. »Abhauen einfach mit deinem Geld?«

»Was glaubst du wohl«, hat der alte Hugo gesagt. »Nicht mal Respekt vor meinen Jahren.«

Also aufpassen bisschen, mehr bleibt für Jakob nicht zu tun. Die Leute bemustern und einschätzen lernen, was sie an Hartgeld in der Tasche tragen und ob sie bereit sein könnten, etwas herzugeben, dem alten Hugo locker in die Mütze zu werfen. Manche blicken freundlich auf ihn nieder, geben aber nichts. Andere gucken steif geradeaus oder zur Seite, als säße dort niemand, aber dauernd wieder bleiben auch Leute stehn, jüngere, ältere, mehr Frauen als Männer, und fingern Geld hervor, werfen es in die Mütze, und vom alten Hugo folgt dann jedes Mal eine leise Geste, gräflich beinah, mit der er sich bedankt.

1 Trage zusammen, was du über Jakobs Familie erfährst.

2 Vergleiche die Lebensbedingungen von Jakob und Juma (S. 26–30). Nenne Gemeinsamkeiten.

3 Überlegt euch Dialoge zwischen Mareike und Sabine zu Jakobs Verschwinden.

Ein Buch im Partnerteam vorstellen

1 Wählt eins der Bücher aus, die in diesem Kapitel vorgestellt werden. Bereitet dazu eine Buchpräsentation vor.

Diese sieben Schritte geben dir und deinem Teampartner Anregungen, wie ihr eure Buchpräsentation vorbereiten und durchführen könnt. Schon beim Lesen sollte jeder für sich wesentliche Informationen zur Handlung, zu den Figuren und zu wichtigen Details notieren, z. B. in ein Lesetagebuch.

1. Fasst den Inhalt so zusammen, dass ihr die *W*-Fragen (wer, wo, wann, was passiert, warum) verständlich beantwortet. Verwendet eine sachliche Ausdrucksweise. Um die Spannung zu halten, solltet ihr nicht unbedingt den Schluss verraten.

   Inhaltsangabe …

2. Beschreibt die wichtigsten Figuren möglichst anschaulich. Überlegt, ob ein bestimmter Gegenstand für sie eine besondere Bedeutung hat.

   Figuren …

3. Erklärt, aus welcher Perspektive die Geschichte erzählt wird. Geht auch darauf ein, wie das Buch geschrieben ist.

   Erzähler, Schreibweise

4. Wählt als Beispiel eine Textstelle (maximal eine Seite) aus, die besonders spannend, lustig oder beeindruckend ist. Kopiert sie und tragt Lesehilfen ein. Übt den Vortrag, damit ihr die Passage flüssig und mit guter Betonung vorlesen könnt.

   Textauszug …

5. Bewertet das Buch mithilfe von Lesepunkten (Höchstzahl: 5). Begründet eure Entscheidung.

   Lesepunkte …

6. Geht kurz auf das Leben und wichtige Bücher der Autorin/des Autors ein.

   Autor/in …

7. Testet, was euer Publikum behalten hat. Stellt am Ende Fragen zum Inhalt eurer Buchpräsentation oder denkt euch einen Lückentext aus.

   Test …

Kapitel 2

»Die Kinder von Arden« – Wie ein Hörspiel entsteht

1. Was machst du lieber: eine Geschichte lesen oder hören? Begründe deine Entscheidung.

2. Trage zusammen, was ein Hörspiel von einem Buch unterscheidet.

3. Tauscht euch über Hörspiele aus, die ihr kennt.

Die Geschwister Edred und Elfrida wohnen in dem alten Schloss Arden, das dringend repariert werden muss. Weil die Kinder von Arden aber nicht reich sind, wollen sie den Familienschatz finden, von dem die Leute erzählen. Als sie einem weißen, sprechenden Maulwurf begegnen, beginnt ihre abenteuerliche Suche.

Edith Nesbit

Die Kinder von Arden. Das Wappentier

Sie ging zuversichtlich den Flur entlang, wo die Spinnen die Bilder mit grauen Seidenschleiern verhängt hatten. Hier lagen viele Türen nebeneinander, und Elfrida blieb plötzlich vor einer stehen, vor einer, die genauso aussah wie alle anderen.

»Diese!«, sagte sie und streckte ihre Hand aus, bis sie den Holzrahmen berührte. »Dies ist die richtige Tür.«

Sie tastete nach der Klinke, drückte sie hinunter und trat ein. [...] Edred folgte zögernd. [...]

Sie standen in einem großen, schmalen Bodengelass direkt unter dem Dachfirst. Es war ein Raum, den sie noch nie betreten hatten. Er hatte keine Fenster und keine Decke. Uralte, wurmzerfressene Balken gaben den Blick auf die Ziegelreihen frei, durch deren Ritzen hier und da ein goldstaubiger Lichtstrahl hereinbrach.

Von draußen erklang das Tick-Tick-Tick scharrender Taubenfüße und das geschäftige Ruckedigu aus vielen Taubenkehlen. Der langgestreckte Raum war leer. Nur an den beiden Schmalseiten standen rechts und links dicht unter dem Dachsparren eine Anzahl alter Truhen, von denen keine der anderen glich.

»Oh«, stieß Edred hervor, »ich bin auf einmal ganz gütig und weise! Ich spüre es in meinem Magen. Und jetzt finden wir den Schatz, und dann können wir das Schloss wieder aufbauen.«

Er lief zu der am nächsten stehenden Truhe und rüttelte an ihrem Deckel, aber Elfrida musste ihm helfen, die schwere Platte hochzustemmen. Doch als sie nun hineinblickten, entdeckten sie keinen Schatz in der geheimnisvollen Tiefe, sondern nur einen Haufen Kleider.

Die Kinder versuchten ihr Glück bei der nächsten Truhe und der übernächsten – aber nicht eine einzige enthielt Silber oder Gold, sondern alle waren nur vollgestopft mit Kleidern, Kleidern und noch mehr Kleidern.

1 Lies nun die beiden folgenden Hörspielszenen. Vergleiche sie danach mit dem Auszug aus dem Kinderbuch und benenne Gemeinsamkeiten und Unterschiede.

Ursula Ruppel

Die Kinder von Arden

Elfrida und Edred vor der Tür

Elfrida Das muss sie sein. Na los, mach schon auf.

Edred Wer? Ich?! Wieso denn ich? Du hast sie doch entdeckt.

Elfrida »Tapfer, klug und gut« – pah. Also dann los, versteck dich hinter meinem Rockzipfel.

(Sie machen die knarrende Tür auf und gehen in die Dachkammer – die Tauben gurren und scharren.)

Erzählerin Sie standen in einer großen, schmalen Bodenkammer direkt unter dem Dachfirst. Es war ein Raum, den sie noch nie betreten hatten. Er hatte keine Fenster und keine Decke. Wurmzerfressene Balken gaben den Blick auf die Ziegelreihen frei, durch deren Ritzen hier und da ein goldstaubiger Lichtstrahl hereinbrach. Der langgestreckte Raum war leer, nur an den beiden Schmalseiten stand eine Reihe von Truhen, von denen keine der anderen glich.

In der Bodenkammer

Edred Ich spür's in meinem Magen, Frida. Da ist der Schatz drin. Und zwar so ein Riesenschatz, dass eine Truhe gar nicht ausgereicht hätte, ist doch klar, und deshalb haben sie den Schatz auf mehrere Truhen verteilt. Jetzt können wir endlich das Schloss reparieren lassen [...]

Elfrida Jetzt hör doch mal mit dem Geschnatter auf, Edred! Mir ist die Sache nicht ganz geheuer. In dieser Truhe sind jedenfalls nur Kleider.

(quietschende Truhen)

Edred Hier auch!

Elfrida Und hier.

Edred Da sind überall nur alte Klamotten drin. Wie sollen wir denn damit die Handwerker bezahlen?

2 Lest mit verteilten Rollen, wie die Hörspielszene weitergeht.

Elfrida Vielleicht bist du noch nicht tapfer, klug und gut genug?

Edred Was?

Elfrida Na, der Maulwurf hat doch gesagt, wir finden den Schatz erst, wenn du tapfer, klug und gut bist!

Edred Aber ich will den Schatz!

Elfrida Auf jeden Fall können wir uns mit den Sachen prima verkleiden.

Edred Mit dem alten Zeug?

Elfrida Hier, der Reitmantel ist für dich. Dann noch die Stiefel. Und obendrauf ein Hut.

Edred Wie steht er mir?

Elfrida Sieht lustig aus. Und dieser Strohhut ist für mich.

(Tauben/Musik/überraschte Reaktionen von Elfrida und Edred)

Erzählerin In diesem Augenblick machten sich die Kleider selbstständig. Sie hoben sich aus den Truhen und streiften sich über ihre Glieder. Im Nu standen sich die Geschwister in Gewändern gegenüber, wie sie sie noch nie gesehen hatten. Elfrida trug ein hochgegürtetes Kleid mit langem, engem Rock aus grün geblümter Baumwolle, Edred schneeweiße Hosen, die ihm bis unter die Arme reichten und eine blaue Jacke mit Messingknöpfen und Halskrause.

Edred Das Ding kratzt.

Elfrida Sieht aber gut aus! Los komm, wir wollen uns Tante Edith zeigen.

(Tür quietscht – Treppe runter)

Auf der Treppe vor der Kammer

Edred Hat sie den Flur geputzt?

Elfrida Den Flur? Das sieht eher so aus, als hätte sie das ganze Schloss auf Vordermann gebracht!

Edred In der letzten halben Stunde?

Elfrida Alles ganz sauber.

Erzählerin Die Kinder rannten den Flur entlang und die Treppen hinunter, um von Tante Edith zu erfahren, was geschehen war. Im Wohnzimmer erblickten sie zu ihrem Erstaunen eine weißhaarige alte Dame in kerzengerader Haltung, die in einer Zeitung las. Sie hatte sonderbare Kleider an, ähnlich denen, die sie jetzt selbst trugen.

3 Stelle Vermutungen an, was an den Kleidern aus den Truhen besonders sein könnte.

4 Schreibe bis hierher alle Hinweise auf Geräusche auf. Ergänze eigene Vorschläge.

Im Wohnzimmer von Lady Arden

Kaminfeuer – Standuhr

Lady Arden Welcher Übermut! Mir scheint, wir vergessen unsere Haltung. Mach dein Kompliment, mein Fräulein.

Elfrida Habe die Ehre …

Lady Arden Um euch Respekt vor Älteren zu lehren, empfehle ich, eines der prächtigen geistlichen Lieder von Doktor Watts auswendig zu lernen.

Edred *(flüstert)* Von wem?

Lady Arden Wiederholt mir also die Strophe: »Glückliche Kinder, die schon in der Jugend eifrig und sittsam gelernt.« Na?

Elfrida *(zögerlich)* Glückliche Kinder, die schon in der Jugend eifrig und sittsam gelernt …

Lady Arden *(stöhnt)* Manchmal frage ich mich wirklich, woher ich die Geduld nehme. Hier, nehmt das Gesangbuch zur Hand und setzt euch dort hinüber in die Ecke, damit ich euch beim Auswendiglernen im Visier habe.

Elfrida Jawohl, Madame!

(Die beiden gehen rüber. Lady Arden schüttelt geräuschvoll den Kopf.)

Edred *(flüstert)* Wer ist die Frau?

Lady Arden *(ruft rüber)* Ihr sagt es beim Mittagsmahl auf, sonst gibt es keine Nachspeise.

Edred Hör dir das an!

Elfrida Sei still!

Edred Das lass ich mir nicht gefallen. Ich sag es Tante Edith!

Elfrida Kapierst du nicht? Wir haben uns verwandelt und sind in einer anderen Zeit. Das ist wahrscheinlich eine Urururgroßmutter von uns.

Lady Arden *(ruft rüber)* Ihr sollt lernen, nicht flüstern!

Elfrida Jawohl, Madame, entschuldigen Sie bitte. [...]

Edred *(flüstert)* Hast du gesehen?

Elfrida Was denn?

Edred Das Datum auf der Zeitung?

Elfrida Nein!

Edred Es ist die *Times* vom 16. Juni 1807.

Elfrida 1807? Wenn ich nur wüsste, was 1807 in der Weltgeschichte los war. Wir sind in der Schule nie weitergekommen als bis zu Edward dem Vierten. Und das war Vierzehnhundert-irgendwas.

Edred Wir sind nicht in der Weltgeschichte, wir sind auf Schloss Arden.

Elfrida Wir sind trotzdem in der Geschichte und es wird noch ziemlich schrecklich werden, wenn wir nicht wissen, wer zurzeit König ist.

Edred Ich möchte zu Tante Edith zurück.

Lady Arden Seid ihr fertig, Kinder? Könnt ihr die Verse hersagen?

Elfrida Ja, Madame.

Lady Arden Dann geht in die Küche und bringt der Mamsell den Speisezettel. [...]

Erzählerin Nichts war den Kindern lieber, als diesen Raum zu verlassen. Sie rannten los, um die Kammer zu finden, in der sie sich verkleidet hatten. Edred lief vorneweg. Er hatte sich gewünscht, in eine andere Zeit zu reisen, doch jetzt wollte er nur noch zurück. Vergessen war der Schatz, vorbei die Abenteuerlust. Aber die Kinder fanden die Kammer nicht, so sehr sie auch suchten. Edred fing an zu weinen, und Elfrida hätte gerne den Maulwurf zu Hilfe gerufen, war aber viel zu verstört, um ein Gedicht zustande zu bringen. [...]

5 Beschreibe, wie Edred und Elfrida auf die ungewöhnliche Situation reagieren.

6 Nur der weiße Maulwurf kann die Kinder in ihre Zeit zurückbringen. Dazu müssen sie ihn mit einem eigenen Gedicht rufen. Überlege dir einen Reim für den Maulwurf.

Elfrida und Edred liegen im Bett

Edred wimmert.

Elfrida Jetzt hör schon auf zu heulen. Denk dir lieber ein Gedicht aus. Der Maulwurf hat gesagt, wenn wir nicht mehr weiterwissen, können wir ihn rufen.

Edred Ich habe schon eins.

Elfrida Na dann los, sag's auf!

Edred Maulwurf, Maulwurf, komm heraus
aus deinem dunklen Maulwurfhaus.
Ich weiß, dir fehlt der Augen Licht,
aber das kümmert mich nicht.

Elfrida Sehr gut!

Edred Und wo ist er?

Elfrida Ich weiß nicht.

Edred Der lässt uns bestimmt hängen!

Elfrida Edred?

Edred Ja?

Elfrida Hast du das selbst gedichtet?

Edred Ja. *(überlegt es sich noch mal)* Also so gut wie.

(von draußen Unruhe)

Elfrida Edred, erinnert dich das nicht ein bisschen an »Schnecke, Schnecke, komm heraus und strecke deine Fühler aus«?

Edred Na ja, es gibt da vielleicht eine gewisse Ähnlichkeit...

Elfrida Was ist denn da draußen los? [...]

(Elfrida geht ans Fenster und öffnet es. Auf dem Schlosshof Gejohle.)

Erzählerin Im Schlosshof flackerten die Fackeln, und das Gesinde drängte zum Tor hinaus Richtung Küste. Von überallher kamen Soldaten und Bauern mit Schaufeln und Äxten, schreiend und johlend, um sich Mut zu machen. Irgendjemand hatte vom Strand aus zwei Schiffe gesehen und Alarm geschlagen. Aber selbst wenn es die Franzosen gewesen wären, hätten sie die Küste bei diesem Wetter nur schwer erreichen können. Elfrida und Edred wollten trotzdem nicht warten und sie traten vom Fenster zurück.

Elfrida Los, sprich mir nach:
O Maulwurf, sei doch jetzt zur Stell'!
Ich kann nicht mehr. So komm doch schnell.

Edred Findest du das gut?

Elfrida Ist doch egal. Hauptsache wir haben's gedichtet. Also sag schon.

Edred Maulwurf, sei doch jetzt zur Stell'!
Ich kann nicht mehr, oh, komm doch schnell.

Der Maulwurf weist die Treppe

Auftritt Maulwurf – Musik

Maulwurf Na, toll ist dieses Gedicht wirklich nicht...

Elfrida Da ist er! Lieber Maulwurf...

Maulwurf Eine Zumutung, mich mit so was zu rufen.

Elfrida Tut mir leid, auf die Schnelle ist uns nichts Besseres eingefallen.

Maulwurf Na schön, für dieses Mal soll's genügen. Lauft die Treppe dort hoch, da habt ihr eure Tür.

Edred Was denn für eine Treppe?

(Musik)

Edred Frida, wo kommt denn auf einmal diese Treppe her?

Elfrida Frag nicht so viel, los komm schon, wir haben keine Zeit mehr zu verlieren.

Erzählerin Dankbar liefen die Kinder die Treppe hinauf, und als sei sie immer da gewesen, öffnete sich die vertraute Tür. Vor ihnen lag der weitläufige Bodenraum mit seinen Deckenbalken. Die Truhen standen in langen Reihen unter dem schrägen Dach. Da fiel die Tür hinter ihnen ins Schloss und alles schien auf einmal so zu sein, wie vor ihrer Reise in die Vergangenheit. Goldenes Licht drang durch die Ritzen zwischen den Ziegeln, und von draußen erklang das helle Tick-Tick-Tick der Taubenfüße.

7 Überlege dir, wie die beiden Kinder, Lady Arden, der Maulwurf und die Erzählerin sprechen könnten.

8 Suche für die letzte Szene und den Auftritt des Maulwurfs passende Klänge.

9 Stellt euch vor, ihr würdet in eine andere Zeit reisen. Denkt euch dazu einen witzigen Dialog aus.

Hör! Spiel! – Interview mit einem Hörspielregisseur

Nicht nur beim Film, auch bei einem Hörspiel gibt es einen Regisseur oder eine Regisseurin. Um mehr über diese Arbeit zu erfahren, haben wir Robert Schoen interviewt, der beim Hörspiel »Die Kinder von Arden« Regie geführt hat.

Worin besteht das Besondere an einem Hörspiel?
Ein schlauer Kopf hat mal gesagt, »Hörspiel« sei ein doppelter Aufruf: zum Hören und zum Spielen! Beim Hörspiel bekommt man nur einen Teil des fertigen Werks geliefert, nämlich den Ton. Den Rest muss sich der Hörer selbst im Kopf zusammenbasteln. Vielleicht ist das so, als würde man zum Essen eingeladen und der Gastgeber sagt einem, wo die Zutaten stehen. Jeder wird da etwas anderes köcheln.

Wie entsteht ein Hörspiel?
Nehmen wir »Die Kinder von Arden«. Da kam der Hörspieldramaturg Herr Schmitz auf die Idee, dieses schöne alte Kinderbuch zum Klingen zu bringen. Er bat zuerst die Hörspielfreundin Frau Ruppel, ausgehend vom Buch, ein Hörspielmanuskript zu schreiben. Dann rief er mich an. Ich sagte ihm, dass ich sehr gerne mit den Kindern von Arden durchs Hörspielstudio tollen würde, und überlegte mir die Besetzung. Das ist so ziemlich das Wichtigste, denn die Stimmen der Schauspieler müssen zur Rolle passen und gut voneinander zu unterscheiden sein. Dann geht es mit Schauspielern, Toningenieur und Regieassistenz ins Studio. Die Dialoge der Szenen werden aufgenommen und alle Versprecher herausgeschnitten, Geräusche gemacht und die vorher produzierte Musik daruntergemischt. Am Ende kommen Herr Schmitz und Frau Ruppel und hören sich das fertige Werk an.

Was hat ein Regisseur bei der Aufnahme eines Hörspiels zu tun?
Der Regisseur überlegt sich, wie die ganze Geschichte klingen soll: realistisch, märchenhaft oder verfremdet. Was erzählen die Geräusche und die Musik? Liegt der Schwerpunkt auf der Spannung oder der Atmosphäre? Im Studio arbeite ich dann intensiv mit den Schauspielern: Wie sollen sie eine Szene spielen, damit es natürlich oder geheimnisvoll wirkt? Oft nehmen wir mehrere Fassungen auf und wählen dann die beste aus.

Wie setzen Sie Geräusche ein?

Das hängt vom jeweiligen Stück und der Situation ab. Geräusche können eine Szene begleiten: Wenn zum Beispiel davon die Rede ist, dass Kinder über eine schöne Sommerwiese laufen, dann hören wir freundliche Vögel und den Wind in den Blättern, die Schritte der Kinder und das Gluckern eines Baches. Wenn dann aber plötzlich ein Habichtruf ertönt, kann das ein Hinweis auf eine drohende Gefahr in der nächsten Szene sein. Auch Musik kann die Funktion von Geräuschen übernehmen: Wenn ein Bär durch den Wald tappen soll und wir hören eine dunkle Tuba, dann verbinden wir das automatisch mit den Schritten des Bären.

Carmen-Maja Antoni, die Erzählerin der »Kinder von Arden«, bei Aufnahmen im Studio

Nehmen Sie echte Geräusche auf oder werden die künstlich erzeugt?

Vögel auf einer Sommerwiese findet man schnell im Archiv auf CD. Andere Geräusche nehmen wir an Originalorten auf. Wenn zum Beispiel ein Mann in einem Aufzug feststeckt und sich über die Lichtluke befreit, dann steigen wir schon mal in den Aufzugsschacht des Senderfahrstuhls und nehmen dort das Klettergeräusch und das Schlagen der Seile auf. Andere Situationen lösen wir mit Fantasie. Einmal sollten 5000 Fische durch die Decke in eine Gaststube platschen. Da haben wir mit nassen Handtüchern auf den Boden geklatscht. Am Ende war die Regieassistentin völlig durchnässt, aber das Geräusch war prima.

1 Trage zusammen, was du über die Arbeit eines Hörspielregisseurs erfährst.

2 Erkläre, welche Funktion Geräusche und Klänge in einem Hörspiel haben.

Ein Hörspiel produzieren

Um eine Szene oder ein ganzes Hörspiel selbst zu produzieren, sind gute Vorbereitung und Teamarbeit wichtig. Die folgenden Punkte helfen dabei:

Ein Hörspielmanuskript erstellen

Wenn ihr keinen fertigen szenischen Text verwendet, muss zuerst ein Erzähltext umgeschrieben werden. Dazu werden auf dem kopierten Text die Redeanteile der einzelnen Figuren, Hinweise auf Geräusche und wesentliche Aussagen zum Handlungsverlauf, die ein Erzähler übernehmen soll, verschiedenfarbig markiert. Um es lebendiger zu machen, könnt ihr weitere Dialoge dazu erfinden. Vergesst nicht die Regieanweisungen!

Figuren beschreiben und ihre Sprechweise festlegen

Aus Handlungen und Äußerungen von Figuren lassen sich ihre Eigenschaften ableiten. Überlegt also, in welcher Tonlage und in welcher Art die Figuren sprechen sollen (tiefe oder piepsige Stimme, hochnäsig, cool).

Aufgaben bei der Hörspielproduktion verteilen

Rollen: Sprecher festlegen, dialogisches und szenisches Lesen üben

Tontechnik: sich mit der Ausrüstung und Aufnahmetechnik vertraut machen

Geräusche: Möglichkeiten zur Nachahmung überlegen und Geräusche produzieren

Musik: passende Musik und Klänge heraussuchen oder mit eigenen Instrumenten selbst spielen

Checkliste für die Aufnahme

- Technik überprüfen (Batterien, Mikrofonkabel)
- Sprechprobe (Abstand vom Mikro, Lautstärke)
- Nebengeräusche ausschließen und abschnittsweise aufnehmen

1 Plant nun eigene Hörstücke. Ihr könnt zum Beispiel euren Dialog von Aufgabe 9 (S.43) nutzen oder Balladen aus dem 3. Kapitel eures Lesebuchs vertonen.

Geräusche selbst erzeugen

Manchmal ist es ganz einfach, ein tolles Geräusch herzustellen. Vieles entsteht auch durch Ausprobieren. Hier sind Tipps von Hörspielregisseur Robert Schoen:

Feuer: Zellophan dicht vor dem Mikrofon zerknüllen, kleine Zweige zerbrechen, sodass es leise knackt
Pferde: zwei leere Kokosnussschalen aufeinanderschlagen, Geräuschemacher klopfen oft nur mit den flachen Händen auf ihre Oberschenkel, es ist nur eine Frage des Rhythmus, dass es echt klingt
Wind: leicht über den Rand einer Flasche oder eines Weinglases pusten
Regen: Reis oder Erbsen in eine Pappschachtel, Blechdose oder in ein metallenes Küchensieb rieseln lassen
Donner: Haselnüsse oder Murmeln in einen Luftballon stecken, aufblasen und schütteln oder ein großes Stück Blech hin und her schütteln
Meeresrauschen: mit einer Kleider- oder Schuhbürste über Karton oder Blech kreisen
flatternde Vögel: weite Hosenbeine oder Jackenärmel schnell hin und her bewegen
Türknarren: langsam an einer gespannten Gitarren- oder Geigensaite entlangschaben

1 Ordnet den Fotos die passenden Geräusche zu.

2 Gestaltet Stimmungen, Gefühle oder Situationen ohne Sprache, nur mithilfe von Geräuschen und Musik. Themen könnten sein: Zeitreise, Leben in der Großstadt, Urwald, nachts allein zu Hause.

1 Lies nun von einer weiteren Zeitreise, die Edred und Elfrida unternommen haben.

Edith Nesbit

Die Kinder von Arden. Die Gefangenen im Tower

Weil Elfrida eine Verschwörung angekündigt hat, wird sie im *Tower,* dem berüchtigten Gefängnis von London, gefangen gehalten. Edred will sie mit einem Trick befreien.

Die Wache am Eingang zum Tower wurde stets mit Beginn der Abenddämmerung abgelöst, und eine Viertelstunde vor dieser Zeit hielt Lady Ardens Kutsche vor dem großen Tor. Eine alte Kinderfrau mit Halskrause und Haube und in einem weiten roten Mantel kletterte umständlich heraus und half zwei jungen Herren beim Aussteigen. Der eine – in Schwarz mit einem eichhörnchenfellbesetzten Mantel – war Edred, und der andere – in grauem Samt mit Marderpelz – war Richard.

Der Kommandant wurde herbeigerufen. Er las die Genehmigung der Königin, nickte Edred freundlich zu, und alle drei durften eintreten. Während sie den Hof zum Weißen Turm überquerten, fiel der Schnee dicht und weich auf ihre Mäntel und fror daran fest in der schneidenden Kälte, und die Amme murmelte wieder: »Umso besser, umso besser!«

Als sie Lord Ardens Zelle betraten, war Elfrida gerade bei ihm. Sie sprang mit einem Freudenschrei von seinen Knien und fiel ihrem Bruder um den Hals. »Geh mit der Kinderfrau hinaus«, flüsterte er ihr eilig zu, »und tu genau, was sie sagt!«

»Aber ich habe ein Gedicht gemacht«, flüsterte Elfrida zurück, »und wir könnten jetzt ...«

»Tu, was ich dir sage«, befahl Edred kaum hörbar, aber fest entschlossen. »Wir müssen hier raus. Sei nicht so schwer von Begriff [...]«

»Kommt jetzt mit mir hinaus«, forderte die alte Kinderfrau sie auf, »ich möchte an Euch Maß nehmen für ein neues Gewand.« [...]

Sie griff nach Elfridas Hand und zog das Mädchen in ein Nebenzimmer. »So«, flüsterte sie dort und lag schon auf den Knien, um Elfridas Kleid aufzuhaken, »keinen Augenblick gilt es mehr zu verlieren! Presst Euer Taschentuch gegen das Antlitz und gebt vor, zu weinen, wenn wir gehen. [...]

Sie holte eilig unter ihren weiten steifen Röcken einen kleinen schwarzen Anzug hervor, der mit Hut, Mantel, Strümpfen und Schuhen dem von Edred aufs Haar glich, und im Handumdrehen stand Elfrida als genaues Abbild ihres Bruders da.

Flink wie ein Wiesel eilte die Amme zur Tür und redete auf die Wache ein: »Gott schütze Euch, guter Mann«, sagte sie, »mein kleiner Herr ist erkrankt. Er ist zu zart für diese traurige Begegnung. Ich bitt Euch, geleitet uns zum äußersten Tor! Dort wartet unser Wagen, der ihn heimbringen kann. Und später werde ich wiederkehren, um meinen anderen Schützling zu holen.«

»Was Ihr nicht sagt«, erwiderte der Wächter freundlich, »armes Kind! [...]«

Er durfte allerdings seinen Posten vor Lord Ardens Tür nicht verlassen, aber er erklärte ihnen den Weg und sie liefen allein über den Hof.

Die Torwache, die vor einer Weile in wirbelnden Schneeschauern eine alte Amme mit zwei kleinen Jungen hatte hereinstapfen sehen, erblickte eine dick verschneite alte Amme, die mit einem kleinen Jungen wieder hinauseilte. Er schien bitterlich zu weinen, und die Kinderfrau erklärte, dies sei kein Wunder, da er seinen Vater und seine Schwester unter solchen Umständen hätte wiedersehen müssen.

»Ich will ihn nur schnell zu unserer Kutsche geleiten, gute Herren«, rief sie den Soldaten zu, »dann komm ich gleich zurück, um meinen anderen Schützling zu holen.«

Und auf diese Weise brachte sie Elfrida durchs Tor und in den wartenden Wagen. »Geschwind unter den Sitz!«, befahl sie, stieß das Mädchen hinein, schloss die Wagentür und lief schnell davon.

So weit, so gut.

Doch nun kam der weitaus bedenklichere Teil des Abenteuers. Die alte Frau wurde von den Männern, die sie eben hatten hinausgehen sehen, ohne Schwierigkeit eingelassen, und während sie langsam über den verschneiten Hof schritt, erdröhnte der Torweg hinter ihr von den stampfenden Tritten der Soldaten, die zur Ablösung anmarschiert kamen. Wieder so weit, so gut. Aber der Posten vor der Tür zu Lord Ardens Räumen war noch gefährlich genug, ganz zu schweigen von der Möglichkeit, dass jemand von der alten Wachmannschaft in der Nähe herumlungerte, wenn die Kinderfrau zum zweiten Mal kam – und zwar nicht mit einem Jungen, sondern mit zweien. Aber das musste gewagt werden.

Die Alte wartete still in einer Ecke, während sich Lord Arden mit den Jungen unterhielt. Endlich entschloss sie sich jedoch zu mahnen: »Die Zeit ist um, Mylord!« Denn sie wusste, dass die Wache vor der Tür inzwischen ebenfalls abgelöst worden war.

»Jetzt bloß schnell fort!«, murmelte Edred, während er und Richard der Amme eilig über die engen Treppen und den verschneiten Innenhof folgten.

Der neue Posten am Tor hielt sie an, las das Handschreiben der Königin, das sich die alte Kinderfrau vorsorglich hatte wiedergeben lassen – und da ganz offenkundig Master Edred Arden und Master Richard Arden mit einer Begleitperson eingelassen worden waren, wurde den dreien gestattet, wieder hinauszugehen. Zwei Minuten später rumpelte eine geräumige Kutsche durch die schneeverwehten dunklen Straßen Londons, und drinnen lagen sich die vier Insassen glücklich in den Armen. Der Plan war gelungen.

2 Erkläre, worin die List bei der Befreiung besteht.

3 Schreibt den Prosatext in eine Hörspielfassung um. Beachtet dabei die Tipps auf S. 46. Erfindet zusätzliche Dialoge, zum Beispiel das Gespräch an der Torwache.

4 Leiht euch das Hörspiel in der Bibliothek aus und hört es euch gemeinsam an.

Kapitel 3

Gedichte lesen, sprechen, vergleichen

Reinhard Döhl

Apfel

Schülergedicht

pf
pf
pf
apfel apfel apfel
apfel apfel
apfel apfel
apfel apfel
apfel apfel
apfel apfel
apfel apfel
apfel apfel apfel
Kriebsch

1 Was fällt dir beim Lesen und Betrachten des Bildgedichts »Apfel« von Reinhard Döhl auf?

2 Lies das Schülergedicht. Verfasse dann ebenfalls ein Parallelgedicht, indem du die Form eines Gegenstands mithilfe von Wörtern darstellst.

Eugen Gomringer

wind

```
        w   w
      d   i
    n   n   n
  i   d   i   d
w           w
```

Eugen Gomringer

das schwarze geheimnis

das schwarze geheimnis
ist hier
hier ist
das schwarze geheimnis

Eugen Gomringer

ping pong

ping pong
ping pong ping
pong ping pong
ping pong

1. Betrachte das Bildgedicht »wind«. Was fällt dir bei der Anordnung der Buchstaben auf?

2. Beschreibe die Form des Gedichts »das schwarze geheimnis«.

3. Fertige eine Zeichnung an, die zum Gedicht »ping pong« passt.

4. Kann man auch solche Gedichte vortragen? Überlegt euch eine passende Darbietung.

Christian Morgenstern

Die Trichter

Zwei Trichter wandeln durch die Nacht.
Durch ihres Rumpfs verengten Schacht
fließt weißes Mondlicht
still und heiter
auf ihren
Waldweg
u. s.
w.

Christian Morgenstern

Gruselett

Der Flügelflagel gaustert
durchs Wiruwaruwolz,
die rote Fingur plaustert,
und grausig gutzt der Golz.

1. Beschreibe die Wirkung, die das Gedicht »Die Trichter« bei dir hervorruft.

2. Trage das Gedicht »Gruselett« so vor, dass dein Publikum eine Gänsehaut bekommt.

3. Überlegt, was die Fantasiewörter im Gedicht »Gruselett« bedeuten könnten.

4. Denke dir weitere Strophen zum »Gruselett« aus. So könntest du beginnen:

Das Ritzelrutzel glittert
Im Nibunabunorf,
der schwarze Telaf stittert
und heimlich hitzt das Horf …

Ernst Jandl

ottos mops

ottos mops trotzt
otto: fort mops fort
ottos mops hopst fort
otto: soso

otto holt koks
otto holt obst
otto horcht
otto: mops mops
otto hofft

ottos mops klopft
otto: komm mops komm
ottos mops kommt
ottos mops kotzt
otto: ogottogott

Schülertexte

annas dachs

annas dachs lacht
anna: halt dachs halt
annas dachs platzt
anna: aha aha
...

ruths kuh

ruths kuh muht
ruth: ruh kuh ruh
ruths kuh ruht
ruth: gut gut
...

1. Erzähle mit eigenen Worten, was im Gedicht »ottos mops« passiert.

2. Bereitet eine szenische Darbietung vor. Sucht dazu die wörtliche Rede vom Herrchen Otto aus dem Gedicht heraus. Überlegt euch passende Geräusche.

3. Lies die Schülergedichte. Schreibe dann ein eigenes Parallelgedicht und trage es der Klasse vor.

Ernst Jandl

fünfter sein

türe auf
einer raus
einer rein
vierter sein

türe auf
einer raus
einer rein
dritter sein

türe auf
einer raus
einer rein
zweiter sein

türe auf
einer raus
einer rein
nächster sein

türe auf
einer raus
selber rein
tagherrdoktor

1. Überlege, von welcher Situation das Gedicht handelt.

2. Bereitet eine szenische Darbietung vor, bei der einer das Gedicht spricht und die anderen pantomimisch die Wartenden spielen.

Robert Gernhardt

Wenn die weißen Riesenhasen

Wenn die weißen Riesenhasen
abends übern Rasen rasen
und die goldnen Flügelkröten
still in ihren Beeten beten,
wenn die schwarzen Buddelraben
tief in ihrem Graben graben
und die feisten Felsenquallen
kichernd in die Fallen fallen –
dann schreibt man, wie jedes Jahr,
den hundertzwölften Januar.

Was? Ihr kennt ihn nicht, den Tag?
Schaut mal im Kalender nach!

Josef Guggenmos

O unberachenbere Schreibmischane

O unberachenbere Schreibmischane,
was bist du für ein winderluches Tier?
Du tauschst die Bachstuben günz nach Vergnagen
und schröbst so scheinen Unsinn aufs Papier!
Du tappst die falschen Tisten, luber Bieb!
O sige mar, was kann da ich dafür?

Hans Manz

Blödsinn

Der Schabernack
schabt sich den Nacken.

Das Zickzack
zickt den scharfen Zacken.

Der Pumper
und der Nickel nicken.

Den Schnickschnack
hört man schnack- und schnicken.

Und alle schrein:
»Trari trara,
wir lieben das Allotria.[1]«

1 *umgangssprachlich* Albernheiten, mit Lärm verbundener Unfug

Hans Manz

Achterbahnträume

8
W8soldaten
bew8en
W8eln in Sch8eln
und l8en:
»Auf der W8
um Mittern8
werden Feuer entf8
und die W8eln geschl8et.
Wir haben lange genug
geschm8et.«
»8ung«,
d8en die W8eln,
»wir öffnen mit Sp8eln
die Sch8eln,
denn der Verd8,
dass man uns hinm8,
ist angebr8«,
und entflogen s8,
abends um
8

1. Erkläre, was an den Gedichten auf den Seiten 56–57 witzig ist.

2. Schreibe eines der Gedichte ab und illustriere es mit passenden Zeichnungen.

3. Lerne es auswendig und trage es vor.

Peter Paul Althaus

Es gehen Schritte durch die Nacht,
laute und hallende Schritte;
ein Fuß geht rechts, ein Fuß geht links,
und einer geht in der Mitte.

Sie gehen Schritt vor Schritt, die drei,
auf einmal bleiben sie stehen;
ich warte – sie kommen – sie gehn vorbei –
sie gingen auf den Zehen.

Sie kehren um – sie trennen sich –
und kreisen mich langsam ein –
das linke von rechts – das rechte von links –
von vorn das mittlere Bein –
ich höre einen Mädchenschrei,
der jauchzend weint und weinend lacht
und dann erstickt im Nebelbrei –

und weiter tappen die Füße, die drei
durch die Nacht – durch die Nacht – durch die Nacht –

1 Überlege dir zu diesem Gedicht einen passenden Titel.

2 Übt den Gedichtvortrag, bei dem einer den Text spricht und der andere die passenden Schritte dazu macht.

Erich Weinert

Gespensterballade

Eine Morgensternschnuppe

Gespinst
Gespunk
Es grinst
Der Unk
Im Wald
Am Teich
So kalt
So bleich.

Der Sumpf
Bespinnt
Sich dumpf
Und blind.
Was schaut
Der Elb?
Schon graut
Es gelb.

Was schrie
Im Schilf?
Mari-
A hilf!
Was lacht
Der Glimm?
Die Nacht
Ist schlimm.

1 Schreibe zu diesem Gedicht Worterklärungen für Wörter, die nicht im Wörterbuch zu finden sind.

2 Es gibt einen Dichter, der Christian Morgenstern heißt. Von ihm sind die Gedichte auf S. 53. Überlegt, warum Erich Weinert seinem Gedicht den Untertitel »Eine Morgensternschnuppe« gegeben hat.

3 Wähle eines der beiden Gedichte (S. 58–59) aus und trage es wirkungsvoll vor.

Johann Wolfgang von Goethe

Erlkönig

Wer reitet so spät durch Nacht und Wind?
Es ist der Vater mit seinem Kind;
Er hat den Knaben wohl in dem Arm,
Er fasst ihn sicher, er hält ihn warm.

»Mein Sohn, was birgst du so bang dein Gesicht?«–
»Siehst, Vater, du den Erlkönig nicht?
Den Erlenkönig mit Kron' und Schweif?«–
»Mein Sohn, es ist ein Nebelstreif.«–

»Du liebes Kind, komm, geh mit mir!
Gar schöne Spiele spiel ich mit dir;
Manch bunte Blumen sind an dem Strand;
Meine Mutter hat manch gülden Gewand.«

»Mein Vater, mein Vater, und hörest du nicht,
Was Erlenkönig mir leise verspricht?«–
»Sei ruhig, bleibe ruhig, mein Kind;
In dürren Blättern säuselt der Wind.«–

»Willst, feiner Knabe, du mit mir gehn?
Meine Töchter sollen dich warten schön;
Meine Töchter führen den nächtlichen Reihn
Und wiegen und tanzen und singen dich ein.«

»Mein Vater, mein Vater, und siehst du nicht dort
Erlkönigs Töchter am düstern Ort?«–
»Mein Sohn, mein Sohn, ich seh es genau:
Es scheinen die alten Weiden so grau.«–

»Ich liebe dich, mich reizt deine schöne Gestalt;
Und bist du nicht willig, so brauch ich Gewalt.« –
»Mein Vater, mein Vater, jetzt fasst er mich an!
Erlkönig hat mir ein Leids getan!« –

Dem Vater grauset's, er reitet geschwind,
Er hält in den Armen das ächzende Kind,
Erreicht den Hof mit Müh und Not;
In seinen Armen das Kind war tot.

1 Fasse den Inhalt jeder Strophe in einem Satz zusammen.

2 Was macht dem Knaben solche große Angst? Suche die entsprechenden Textstellen heraus.

3 Übt den gemeinsamen Vortrag des Gedichts. Legt fest, wer den Erzähler, den Vater, das Kind und den Erlkönig spricht. Überlegt, welche Stimme und Stimmung dazu passt (z. B. vernünftig, ängstlich, verführerisch). Ihr könnt auch Geräusche hinzunehmen, z. B. Pferdegetrappel, das ihr mit zwei Kokosnussschalen erzeugt. Mehr Tipps dazu findet ihr auf S. 47.

Gedichte miteinander vergleichen

Wenn du themengleiche Gedichte miteinander vergleichst, kannst du einerseits herausfinden, was das Besondere an einem bestimmten Gedicht ist. Andererseits erkennst du, was die beiden Gedichte miteinander verbindet.

1 Lies zunächst das erste Gedicht. Achte darauf, wie der Morgen dargestellt wird.

Joseph von Eichendorff

Der Morgen

Fliegt der erste Morgenstrahl
Durch das stille Nebeltal,
Rauscht erwachend Wald und Hügel:
Wer da fliegen kann, nimmt Flügel!

Und sein Hütlein in die Luft
Wirft der Mensch vor Lust und ruft:
Hat Gesang doch auch noch Schwingen,
Nun, so will ich fröhlich singen!

Hinaus, o Mensch, weit in die Welt,
Bangt dir das Herz in krankem Mut;
Nichts ist so trüb in Nacht gestellt,
Der Morgen leicht macht's wieder gut.

2 Halte deine Beobachtungen zu Thema, Grundstimmung, Form (Strophen, Verse, Reimschema), sprachlichen Bildern und Besonderheiten schriftlich fest. Lege dazu eine Tabelle an.

	„Der Morgen"	…
Thema	früher Morgen in der Natur	…
Stimmung	beschwingt, erwartungsvoll, auffordernd	…
Form	3 Strophen, je 4 Verse, Paarreim aabb	…
…	…	…

3 Lies nun das zweite Gedicht und wende dieselbe Vorgehensweise wie bei Eichendorffs Gedicht an. Ergänze deine Tabelle.

Georg Bydlinski

Sonnenaufgang

Die Sonne belichtet den Morgen.
Die Berge sind deutlich und nah.
Der Himmel hielt Bläue verborgen,
und plötzlich, im Licht, ist sie da.

Der Wind streicht mir über die Wangen,
noch kühl, aber gar nicht mehr kalt.
Die Nacht ist zu Ende gegangen.
Die Blumen öffnen sich bald.

Die Sonne belichtet den Morgen.
Er ist so, wie ich ihn mag.
Viel seh ich, und viel bleibt verborgen.
Mein Kopf macht ein Foto vom Tag.

4 Vergleiche nun, wie der Morgen in den beiden Gedichten dargestellt wird. Suche dazu aus deiner Tabelle Gemeinsamkeiten und Unterschiede heraus.

	…	„Sonnenaufgang"
Thema	…	Sonnenaufgang in den Bergen
Stimmung		beobachtend, schwärmerisch
Form	…	3 Strophen, je 4 Verse, Kreuzreim abab
…	…	…

Frantz Wittkamp

Eben hat er angefangen,
plötzlich ist er schon vorbei.
Wieder ist ein Tag vergangen,
Hokuspokus, Zauberei.

Übermorgen bin ich verreist.
Morgen gehts nicht, wie du ja weißt.
Heute kann ich nicht, tut mir sehr leid.
Gestern allerdings hatte ich Zeit.

Abends, als der alte Tag
schon im Abfalleimer lag,
dachte ich: »Du darfst dich freuen,
morgen gibt es einen neuen.«

1. Das Gedicht hat keine Überschrift. Überlege dir einen passenden Titel.

2. Notiere deine Beobachtungen zum Thema des Gedichts, zu seiner Form und zur Grundstimmung.

3. Was hast du gestern und heute gemacht, und was hast du morgen und übermorgen vor? Schreibe dazu eine Strophe.

Peter Maiwald

Tag und Nacht

Der Tag zieht sich den Blaumann aus
und wäscht sich ab den Schweiß.
Die Nacht sieht jung und fröhlich aus,
weil Sommer ist und heiß.

Der Tag macht seine Augen zu
und träumt sich einen Traum.
Die Nacht spielt mit sich Blindekuh
und schwärzt Stadt, Land und Baum.

Der Tag gähnt, streckt und räkelt sich
und zieht die Sonne an.
Die Nacht ist bleich und fröstelt sich
und sagt: Tag, du bist dran.

1 Wie werden Tag und Nacht in diesem Gedicht dargestellt? Vergleiche deine Beobachtungen mit dem Gedicht von Frantz Wittkamp auf S. 64.

2 Vergleicht eure Ergebnisse. Welche Gemeinsamkeiten und Unterschiede in den Gedichten sind euch aufgefallen?

3 In Peter Maiwalds Gedicht werden der Tag und die Nacht wie Menschen dargestellt. Zeichne eine Bilderfolge, die das Gedicht illustriert.

Fachübergreifendes

Der Mond

Wir können den Mond mit bloßem Auge gut erkennen, denn er ist nur 384 400 km von der Erde entfernt und recht groß. Sein Durchmesser beträgt 3476 km. Er ist der einzige fremde Himmelskörper, der je von uns Erdbewohnern betreten wurde. Zwölf Menschen haben bisher ihren Fuß auf den einzigen natürlichen Satelliten der Erde gesetzt, der Erste war der Amerikaner Neil Armstrong im Jahr 1969.

Der Mond ist auch der am besten erforschte Himmelskörper: Insgesamt wurden 382 kg Mondgestein zur Erde gebracht, das seither von Wissenschaftlern genau untersucht wird. So hat man z. B. herausgefunden, dass es auf dem Mond nur winzige Spuren von Wasser gibt. Außerdem werden pro Jahr ca. 500 Mondbeben registriert. Doch der Mond birgt auch noch Geheimnisse, vor allem zu seiner Entstehung.

Dass es auf der Erde Ebbe und Flut gibt, haben wir vor allem dem Mond zu verdanken: Die wechselseitige Anziehungskraft von Sonne, Erde und Mond bewirkt ein Heben und Senken der Meeresspiegel.

Wie die Erde, so wird auch der Mond von der Sonne beschienen. Innerhalb von 28 Tagen umkreist er die Erde. Je nachdem, wie er von der Sonne beleuchtet wird, sehen wir ihn in unterschiedlicher Gestalt.

Mondphasen, wie sie von der Nordhalbkugel der Erde aus zu sehen sind

1. Ordne den Mondphasen auf dem Foto die folgenden Begriffe zu: Neumond, Halbmond, Vollmond, zunehmender und abnehmender Mond.

2. Weil das nächtliche Erscheinen des Mondes für uns Menschen eine große Bedeutung hat, wird der Mond in vielen Gedichten und Liedern besungen. Trage zusammen, welche du kennst.

Matthias Claudius
Melodie: Johann Abraham Schulz

Abendlied

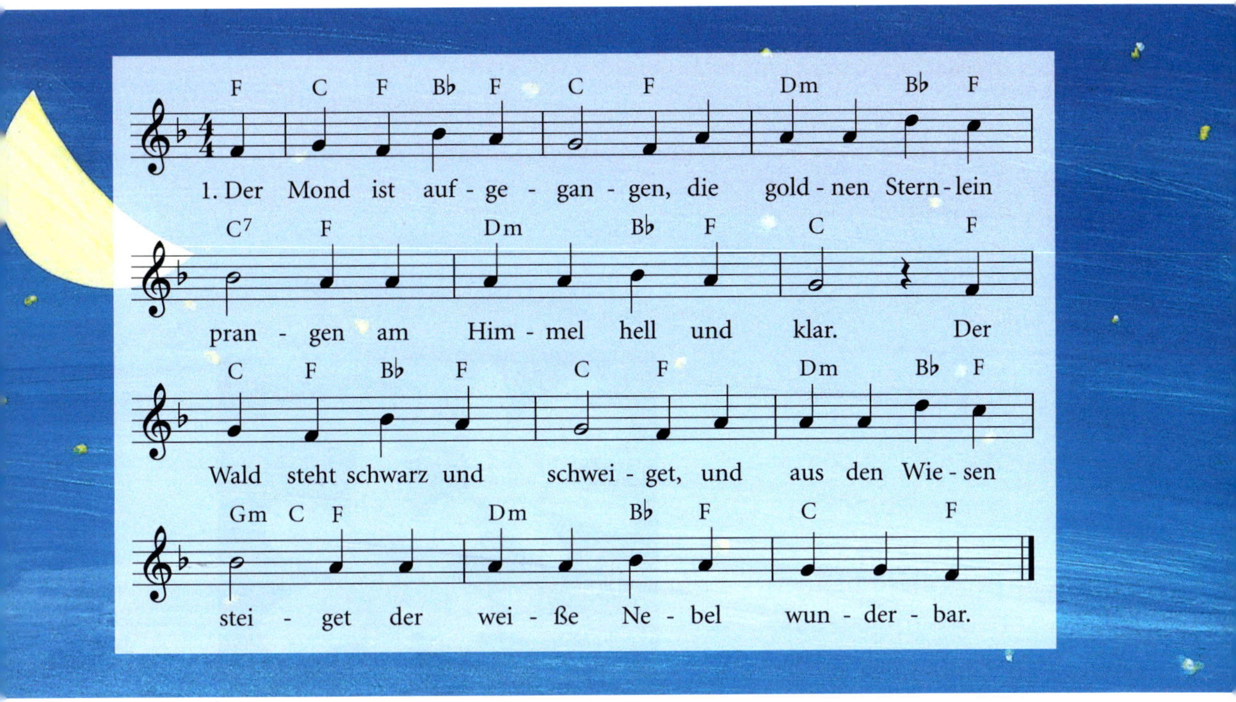

Wie ist die Welt so stille
Und in der Dämmrung Hülle
So traulich und so hold!
Als eine stille Kammer,
Wo ihr des Tages Jammer
Verschlafen und vergessen sollt.

Seht ihr den Mond dort stehen? –
Er ist nur halb zu sehen
Und ist doch rund und schön!
So sind wohl manche Sachen,
Die wir getrost belachen,
Weil unsre Augen sie nicht sehn.

1. Wie werden im Gedicht der Mond und die abendliche Natur beschrieben?

2. Singt das Lied gemeinsam.

3. In der dritten Strophe wird der Halbmond mit Dingen verglichen, die man zwar nicht sieht, die aber da sind. Suche Beispiele dafür.

Johann Wolfgang von Goethe

Gefunden

Ich ging im Walde
So für mich hin,
Und nichts zu suchen,
Das war mein Sinn.

Im Schatten sah ich
Ein Blümchen stehn,
Wie Sterne leuchtend,
Wie Äuglein schön.

Ich wollt es brechen,
Da sagt' es fein:
Soll ich zum Welken
Gebrochen sein?

Ich grub's mit allen
Den Würzlein aus,
Zum Garten trug ich's
Am hübschen Haus.

Und pflanzt' es wieder
Am stillen Ort;
Nun zweigt es immer
Und blüht so fort.

1 Gib den Inhalt dieses Gedichts mit eigenen Worten wieder.

2 Das Ich, das im Gedicht spricht, entwickelt sich vom Spaziergänger zum Gärtner, aus dem Waldblümchen wird eine Gartenpflanze. Erkläre, wie es dazu kommt.

Georg Bydlinski

Garten

Ich sitze im Gras und schweige.
Der Himmel ist blau wie das Meer.
Der Wind bewegt die Zweige,
sie schwingen leicht, hin und her.

Ich bin nicht allein, denn ich sehe
den Wind, der im Kirschgeäst schaukelt,
den Schmetterling, der in der Nähe
ganz langsam vorübergaukelt.

Ich höre die Amseln und Stare.
Ich sehe die Käfer im Kraut.
Der Wind bewegt meine Haare,
die Sonne berührt meine Haut.

1 Lies das Gedicht halblaut. Welche Grundstimmung drückt es aus?

2 Vergleiche Bydlinskis Gedicht mit Goethes Gedicht »Gefunden«. Orientiere dich an der Tabelle auf S. 62.

3 Schreibe ein Parallelgedicht mit dem Titel »Am Meer« oder »Im Gebirge«. Sammle dazu stichpunktartig Eindrücke und Sinneswahrnehmungen.

Das Haiku – nicht nur in Japan beliebt

Das traditionelle Haiku beschreibt einen besonderen Augenblick oder eine persönliche Erfahrung mit der Natur. Oft gibt es einen konkreten Bezug zu einer bestimmten Jahreszeit. Wichtig ist, dass der Leser die beschriebene Beobachtung nachvollziehen kann. Ein Haiku besteht in der Regel aus 17 Silben, die auf drei Verse verteilt werden.

Shiki

Im alten Garten
Huscht mitten im Schnee dahin
Das flinke Wiesel

Issa

Die kleinen Kätzchen
üben das Versteckspielen
im dichten Buschklee

Bashō

Welch eine Freude,
es wird zu Schnee sich wandeln –
der Winterregen

Josef Guggenmos

Die Donner nahen.
Pappelblätter, zigtausend,
blättern aufgeregt.

Schülertext

Giraffen im Zoo
ragen luftig hoch hinaus
gestoppt am Gitter.

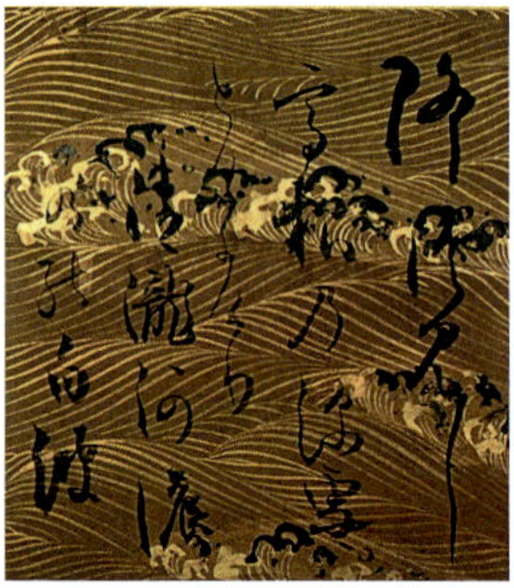

1. Jede Zeile eines Haiku enthält eine festgelegte Anzahl von Silben. Stelle die Regel auf, wie die Silben verteilt sind.

2. Wähle ein Haiku aus und trage es vor.

3. Veranstaltet einen Haiku-Wettbewerb. Einigt euch vorher auf ein Thema, zu dem jeder ein oder mehrere Haikus schreibt.

Kapitel 4

Von Schelmen, Abenteurern und Gespenstern

1 Beschreibe das Foto. Erfinde eine Geschichte dazu.

2 Erzählt euch gegenseitig, welche Abenteuergeschichten ihr gern lest.

Karlhans Frank

Wie alle Leute im Dorf über Till Eulenspiegel klagten*

Aber als Till dann älter wurde, da wurde er immer unbeliebter. Er machte nämlich nicht nur den Affen, über den alle lachen durften, sondern er äffte auch andere nach, dass sie sich durch Till wie in einem Spiegel sehen mussten. [...] Deshalb sagten die Menschen in seinem Dorf über ihn: »Till ist ein Lümmel!«

»Was stellst du dauernd an, dass die Leute über dich schimpfen?«, fragte ihn sein Vater.

»Nichts«, antwortete Till.

»Das gibt es doch gar nicht«, sagte der Vater.

»Ich kann es dir beweisen«, behauptete Till. »Nimm mich mit auf dein Pferd und reite mit mir durch die Straßen. Ich werde hinter dir sitzen und keinen Pieps sagen. Die Leute werden trotzdem maulen und meckern!«

Der Vater nahm Till hinter sich auf sein Pferd und ritt los. Sobald sie an einem Menschen vorbeigeritten waren und der hinter den beiden auf dem Gaul herguckte, hob Till sachte sein Hinterteil vom Pferd, raffte sein Kittelchen ein wenig, zeigte dem Gaffer seinen bloßen Popo – denn eine Hose trug der Dreikäsehoch nicht.

Da riefen die Leute hinter ihnen her: »Unverschämt! So ein Rüpel!«

»Ich begreife nicht, warum die Leute zanken und zetern«, grübelte Tills Vater. »Ich setze dich jetzt vor mich aufs Pferd. Mal sehen, was dann passiert.«

So tat der Vater, und Till saß still vor ihm, gab keinen Laut von sich, zuckte mit keinem Glied, aber jedem Entgegenkommenden schnitt er Fratzen. [...]

Die Leute glotzten den Till entsetzt an, keiften: »So ein grässlicher Teufelsbrocken!« Da wunderte sich der Vater, schüttelte den Kopf und sprach: »Da sitzt mein Sohn ganz lieb und brav und still [...], muckst sich nicht, atmet kaum. Und trotzdem schnauzen und raunzen die Leute. [...]«

1 Bewerte die Aussagen der Leute auf der Straße. Wie hätten sie dem Vater klarmachen können, wie Till sich wirklich verhält?

Fachübergreifendes

Wer war Till Eulenspiegel?

Till Eulenspiegel soll um 1300 in Kneitlingen an der Ems geboren worden sein und starb vermutlich um 1350 in Mölln. Sein Grab wird man dort vergeblich suchen, jedoch erinnern ein Gedenkstein, der ihn mit einer Eule zeigt, und ein Museum an ihn.

Eulenspiegel-Denkmal in Kneitlingen

Die Figur Till Eulenspiegel, so wie wir sie kennen, stammt vom Braunschweiger Stadtschreiber Hermann Bote, der von 1467 bis 1520 lebte. Er nannte seine Sammlung der 96 Historien »Ein kurzweiliges Buch von Till Eulenspiegel aus dem Lande Braunschweig – Wie er sein Leben vollbracht hat« und beschreibt darin den Lebensweg sowie die Streiche des Till Eulenspiegel.

In den Geschichten ist Till Eulenspiegel ein lustiger Schelm, ein Schalk oder Narr, der den Dummen, Habgierigen und Reichen eine Lehre erteilt. Das einfache Volk liebte Till Eulenspiegel, denn er war einer von ihnen. Durch ganz Deutschland soll er gezogen sein, meist zu Fuß und sogar bis Prag, Rom oder Holland lassen sich seine Eulenspiegeleien verfolgen.

Übrigens: Aus Angst, seine Arbeitsstelle zu verlieren, hat Hermann Bote sein Leben lang verheimlicht, die Geschichten über Till Eulenspiegel geschrieben zu haben.

1 Was erfährst du in dem Text über Till Eulenspiegel? Unterscheide zwischen der historischen Gestalt und der Buchfigur.

2 Suche in Bibliotheken oder Buchhandlungen weitere Schelmengeschichten von Till Eulenspiegel und stelle sie der Klasse vor.

Ein historischer Nasreddin soll zwischen dem 13. und 15. Jahrhundert in Persien gelebt haben. Seine Schelmenstreiche wurden erst mündlich überliefert, bevor sie in zahlreichen Sammlungen erschienen.

1 Lies die folgende Schelmengeschichte. Welchen Eindruck erhältst du von Hodscha Nasreddin?

Hodscha sucht seinen Esel

Eines Tages verlor Nasreddin Hodscha seinen Esel. Er suchte ihn überall, in der Stadt, im Wald, am Fluss.

Während er suchte, murmelte er vor sich hin, lächelte und lobte Gott.

Ein Nachbar kam vorbei und fragte: »Mein Hodscha, was ist denn das für eine Geschichte? Du hast deinen Esel verloren, aber du lächelst und dankst Gott!«

Hodscha antwortete: »Mein lieber Nachbar, das ist ganz einfach.

Ich muss Gott danken für mein Glück. Stell dir vor, ich hätte auf dem Esel gesessen, dann wäre ich mit meinem Esel verloren gegangen.«

2 Vergleiche die Schelmereien von Nasreddin und Till Eulenspiegel. Suche Gemeinsamkeiten und Unterschiede.

3 Informiere dich in Nachschlagewerken oder im Internet über die historische Figur des Hodscha Nasreddin.

Leonid Solowjow

Wie Nasreddin einen Wirt mit dem Klang des Geldes bezahlte

Nasreddin, so heißt es, ging eines Tages in Bagdad über den Basar. Plötzlich hörte er Lärm und Geschrei aus einer Garküche. [...] Er ging sogleich hinein und sah, wie der dicke, rotmäulige Wirt einen Bettler am Kragen schüttelte, weil der Bettler nicht zahlen wollte.

»Was ist denn das hier für ein Lärm?«, fragte unser Nasreddin.

»Dieser Landstreicher«, brüllte der Wirt, »dieser verfluchte Strolch, kam in meine Küche – mögen seine Eingeweide verdorren! Er holte einen Brotfladen aus der Tasche und hielt ihn so lange über den Bratspieß, bis er nach Hammelfleisch roch und noch einmal so gut schmeckte. Dann aß er den Fladen auf, und nun will er nicht zahlen. [...]«

»Stimmt das?«, fragte Nasreddin den Bettler streng, der vor lauter Angst kein Wort hervorbrachte und nur mit dem Kopf nickte.

»Das ist nicht gut«, sagte Nasreddin. »Es ist unrecht, fremdes Gut ohne Bezahlung zu benutzen.«

»Hörst du, was dieser ehrwürdige Mann dir sagt, du zerlumpter Strolch?«, fragte der Wirt erfreut.

»Hast du Geld?«, fragte Nasreddin den Bettler. Dieser holte [...] ein paar Kupfermünzen aus der Tasche. Gleich streckte der Wirt seine fette Pfote aus. »Warte noch, o Meister des Wohlgeschmacks«, hielt ihn Nasreddin zurück. »Hier, horch mal!«

Er schüttelte die hohle Faust vor dem Ohr des Wirtes und ließ die Münzen eine Weile klimpern. Dann gab er dem Bettler das Geld zurück und sagte: »Ziehe hin in Frieden, armer Mann.«

»Was?«, rief der Wirt aus. »Ich habe das Geld doch gar nicht bekommen!«

»Er hat dich bezahlt, und ihr seid quitt!«, antwortete Nasreddin. »Er roch den Duft deines Bratens, und du hörtest den Klang seines Geldes!«

1 Überlege, warum sich Hodscha Nasreddin auf die Seite des Bettlers stellt.

2 Erkläre, welche Lehre er dem Wirt erteilen will.

Eigentlich sind die Schildbürger ja gar nicht so dumm – nein, vielmehr wurden sie vor langer, langer Zeit wegen ihres Verstandes berühmt und deshalb sehr oft um Rat gefragt. Leider trug das dazu bei, dass sie sich kaum mehr um ihre eigenen Belange kümmern konnten und ihre Stadt Schilda immer mehr verkam. Deshalb stellten sie sich dumm – aber wer sich lange dumm stellt, dem fehlt es scheinbar später an Verstand ...

1 Lies die folgende Schildbürgergeschichte und erzähle sie nach.

Erich Kästner

Ein Krebs kommt vor Gericht

Eines Tages geriet ein Krebs nach Schilda. Niemand hätte sagen können, woher er kam, und keiner wusste, was er bei den Schildbürgern wollte. Und da sie noch nie in ihrem Leben einen Krebs gesehen hatten, bemächtigte sich ihrer eine beträchtliche Aufregung. Sie läuteten mit der neuen Kirchenglocke Sturm, stürzten zu der Stelle, wo der Krebs umherkroch und wussten nicht, was tun. Sie rieten und rätselten hin und her und hätten gar zu gern gewusst, wen sie vor sich hatten. »Vielleicht ist es ein Schneider«, sagte der Bürgermeister, »denn wozu hätte er sonst zwei Scheren?« Schon holte einer ein Stück Tuch, setzte den Krebs darauf und rief: »Wenn du ein Schneider bist, dann schneide mir eine Jacke zu! Mit weiten Ärmeln und einem Halskoller[1]!« Weil das Tier zwar auf dem Tuch vorwärts und rückwärts einherspazierte, aber den Stoff nicht zuschnitt, nahm der Schneidermeister von Schilda seine große Schere und schnitt das Tuch genau so zu, wie der Krebs dahinkroch. Nach zehn Minuten schon war der Stoff völlig zerschnitten. Von einer Jacke mit weiten Ärmeln und einem Halskoller konnte keine Rede sein. »Mein schönes, teures Tuch!«, rief der Schildbürger. »Der Kerl hat uns angeführt! Er ist gar kein Schneider! Ich verklage ihn wegen Sachbeschädigung!« Dann griff er nach dem Krebs und wollte ihn beiseitetun. Doch der Krebs zwickte und kniff ihn mit seinen Scheren so kräftig, dass

1 breiter Kragen

der Mann vor Schmerz aufbrüllte. »Mörder!«, schrie er. »Mörder! Hilfe!« Nun wurde es dem Bürgermeister zu bunt. »Erst ruiniert er das teure Tuch«, sagte er, »und nun trachtet er einem unserer Mitbürger nach dem Leben – das kann ich als Stadtoberhaupt nicht dulden. Morgen machen wir ihm den Prozess!« So geschah es auch. Der Krebs wurde in einer förmlichen Sitzung vom Richter der mutwilligen Sachbeschädigung und des versuchten Mordes angeklagt. Augenzeugen berichteten unter Eid, was sich am Vortage zugetragen hatte. Der amtlich bestellte Verteidiger konnte kein entlastendes Material beibringen. So zog sich der hohe Gerichtshof zur Urteilsfindung kurz zurück und verkündete anschließend folgenden harten, aber gerechten Spruch: »[...] Er wird zum Tode verurteilt. Der Gerichtsdiener wird ihn ersäufen. [...]«

Noch am Nachmittag trug der Gerichtsdiener den Krebs in einem Korb zum See hinaus und warf ihn in weitem Bogen ins Wasser. Ganz Schilda nahm an der Exekution teil. »Es hilft nichts«, sagte der Bürgermeister. »Strafe muss sein.«

2 Begründe, inwiefern auch die Strafe eine echte Schildbürgerei ist.

3 Entwirf eine Zeitungsmeldung, die am Tag nach der »Hinrichtung« in Schilda erscheint.

4 Spielt diese Schildbürgerei nach, z. B. mit selbstgebastelten Puppen. Tipps dazu bekommt ihr auf den Seiten 100–101.

Baron von Münchhausen – der größte Lügenbaron der Welt – hat wirklich und richtig gelebt, und zwar vor etwa zweihundert Jahren. Er kam im Braunschweigischen zur Welt, hieß Hieronymus mit Vornamen und wurde, kaum aus der Schule, Offizier. Seine Lügengeschichten hat Gottfried August Bürger 1786 als Erster aufgeschrieben.

Erich Kästner

Das Pferd auf dem Kirchturm

Meine erste Reise nach Russland unternahm ich mitten im tiefsten Winter. Denn im Frühling und im Herbst sind die Straßen und Wege in Polen, Kurland und Livland[1] vom Regen so zerweicht, dass man stecken bleibt, und im Sommer sind sie knochentrocken und so staubig, dass man vor lauter Husten nicht vorwärtskommt. Ich reiste also im Winter und, weil es am praktischsten ist, zu Pferde. Leider fror ich jeden Tag mehr, denn ich hatte einen zu dünnen Mantel angezogen und das ganze Land war so zugeschneit, dass ich oft genug weder Weg noch Steg sah, keinen Baum, keinen Wegweiser, nichts, nichts, nur Schnee.

Eines Abends kletterte ich steif und müde von meinem braven Gaul herunter und band ihn, damit er nicht fortliefe, an einer Baumspitze fest, die aus dem Schnee herausschaute. Dann legte ich mich nicht weit davon, die Pistolen unterm Arm, auf meinen Mantel und nickte ein.

Als ich aufwachte, schien die Sonne. Und als ich mich umgeschaut hatte, rieb ich mir erst einmal die Augen. Wisst ihr, wo ich lag? Mitten in einem Dorf, und noch dazu auf dem Kirchhof! Donner und Doria!, dachte ich. Denn wer liegt schon gerne kerngesund, wenn auch ziemlich verfroren, auf einem Dorfkirchhof? Außerdem war mein Pferd verschwunden! Und ich hatte es doch neben mir angepflockt!

Plötzlich hörte ich's laut wiehern. Und zwar hoch über mir! Nanu! Ich blickte hoch und sah das arme Tier am Wetterhahn des Kirchturms hängen! Es wieherte und zappelte und wollte begreiflicherweise wieder herunter. Aber wie um alles in der Welt war's denn auf den Kirchturm hinaufgekommen? Allmählich begriff ich, was geschehen war. Also:

1 historische Gebiete in Lettland

Das Dorf mitsamt der Kirche war eingeschneit gewesen, und was ich im Dunkeln für eine Baumspitze gehalten hatte, war der Wetterhahn der Dorfkirche gewesen! Nachts war dann das Wetter umgeschlagen. Es hatte getaut. Und ich war, während ich schlief, mit dem schmelzenden Schnee Zentimeter um Zentimeter hinabgesunken, bis ich zwischen den Grabsteinen aufwachte.

Was war zu tun? Da ich ein guter Schütze bin, nahm ich eine meiner Pistolen, zielte nach dem Halfter, schoss ihn entzwei und kam auf diese Weise zu meinem Pferd, das heilfroh war, als es wieder Boden unter den Hufen hatte. Ich schwang mich in den Sattel und unsere abenteuerliche Reise konnte weitergehen.

1 Suche die Lügen in dieser Geschichte heraus.

2 Tauscht euch darüber aus, warum manche Menschen Lügengeschichten erfinden. Berichtet über eigene Erfahrungen.

3 Stelle dir vor, du kommst zu spät zum Unterricht. Erzähle eine spannende Lügengeschichte, mit der du deine Lehrerin / deinen Lehrer davon überzeugst, dass du auf keinen Fall pünktlich sein konntest.

»Die meisten Abenteuer, die in diesem Buch erzählt werden, haben sich wirklich begeben. Eines oder zwei davon habe ich selbst erlebt.« Das sagt Mark Twain über seinen Roman »Tom Sawyers Abenteuer«, der zu den Klassikern der Weltliteratur zählt. Erzählt wird von den Erlebnissen des Waisenjungen Tom in den amerikanischen Südstaaten zu Beginn des 19. Jahrhunderts.

Mark Twain

Die Abenteuer von Tom Sawyer

Der Samstag brach an. [...] Tom erschien auf dem Seitenpfad mit einem Eimer voll Farbe und einem riesigen Pinsel. Er betrachtete den Zaun. Alle Fröhlichkeit schwand aus seinem Wesen und tiefe Melancholie bemächtigte sich seiner.

Fünfunddreißig Meter Gartenzaun! Neun Fuß[1] hoch! Das Leben erschien ihm leer und das ganze Dasein nichts als eine Last. Seufzend tauchte er den Pinsel ein und führte ihn über die oberste Planke. Einmal, zweimal wiederholte er die Prozedur. Dann verglich er die winzige weißgetünchte Strecke mit dem weiterhin drohenden Kontinent des schmutziggrauen Zaunes und setzte sich entmutigt auf einen Baumstamm.

Jim kam aus der Tür geschlendert. Er trug einen Zinneimer und sang »Die Mädchen von Buffalo«. Wasserholen war in Toms Augen immer eine hassenswerte Schwerarbeit gewesen. In diesem Augenblick schien es ihm eine Erholung. Er dachte daran, dass unten am Brunnen Kameraden waren. Immer standen da Weiße, Mulatten[2], Negerjungen[3] und Mädchen herum, warteten auf ihre Eimer, ruhten sich aus, schacherten um Spielzeug, stritten, balgten sich, und es gab immer etwas zu lachen. [...]

Tom begann zu verhandeln: »He, Jim, wenn du ein bisschen streichst, hole ich Wasser für dich.«

Jim schüttelte den Kopf: »Geht nicht, Massa Tom. Alte Missis sagt, ich ganz schnell Wasser holen und mit niemandem sprechen. Sie sagt,

1 *altes Längenmaß* 1 Fuß sind ca. 30 cm
2 Bezeichnung für Menschen mit einem weißen und einem farbigen Elternteil
3 farbige Jungen, die meist als Sklaven arbeiten mussten, *heute abwertender Begriff*

Massa Tom wird probieren, mich streichen lassen, aber ich nicht soll hören und auf mein eigenes Geschäft passen. Auf Streichen sie schon selbst aufpassen.«

»Pah, die meint das nicht so, wie sie es sagt, Jim, so redet sie immer. Gib mir den Eimer, ich brauch' ja nur eine Minute. Sie braucht es ja gar nicht zu wissen.«

»Oohh, darf nicht, darf nicht, Massa Tom. Alte Missis mir Kopf abreißen. Wahrhaftig abreißen!«

»Die? Die kann ja keinen hauen! Klopft einem mit dem Fingerhut auf den Schädel, wer macht sich denn daraus was? Erst redet sie immer mächtig, aber reden tut nicht weh. Das heißt, wenn sie nicht dabei heult. Jim, ich geb' dir eine Murmel! Jim – ich geb' dir einen Glasschieber!«

Jim schwankte.

»Einen Schieber aus Glas, Jim! Schau einmal! Mächtiges Ding!«

»Hei! Das furchtbar feine Murmel, kann dir sagen. Massa Tom, hab' aber schrecklich Angst vor alte Missis.«

Schwach ist der Mensch – diese Attraktion war zu stark für sein Pflichtgefühl. Er setzte den Eimer nieder und nahm die weiße Murmel.

Einen Augenblick später flog er die Straße hinunter mit seinem Eimer und einem blauen Fleck auf dem Rücken. Tom aber tünchte mit aller Kraft und Tante Polly kehrte vom Schlachtfeld zurück, einen Pantoffel in der Hand und Triumph im Blick. Doch Toms Arbeitswut war nicht von langer Dauer. In seinem Kopf wogten alle die Kriegspläne, die er für diesen Tag geschmiedet hatte, hin und her und seine Sorgen vervielfachten sich. Bald würden die Jungen, die frei hatten, vorüberkommen, auf dem Wege zu allen möglichen interessanten Expeditionen, und sie würden ein furchtbares Hohngelächter anschlagen, dass er arbeiten musste. Der Gedanke allein brannte wie Feuer.

1. Was erfährst du über Tom Sawyer und die Situation, in der er steckt?

2. Stelle Vermutungen darüber an, warum Tom von seinen Freunden nicht bei seiner Arbeit beobachtet werden möchte.

3. Woran erkennst du, dass die Geschichte in einem früheren Jahrhundert spielt?

Er kramte alle seine Reichtümer hervor und prüfte sie: Stücke von Spielsachen, Murmeln und anderes Zeug: vielleicht genug, um eine Arbeit gegen eine andere auszutauschen, aber nicht genug, um eine so wertvolle Sache wie auch nur eine halbe Stunde Freiheit zu kaufen. Mutlos steckte er seine armseligen Besitztümer in die Tasche zurück und strich weiter.

Wenn die Not am größten, ist Gottes Hilfe am nächsten: In diesem dunklen und hoffnungslosen Augenblick kam ihm eine Inspiration, eine große, eine großartige Erleuchtung! Er nahm seinen Pinsel wieder auf und ging zuversichtlich an die Arbeit.

Ben Rogers kam soeben in Sicht, gerade der Junge, dessen Hohn er am meisten fürchtete. Ben kam in einem kurzen und hopsenden Trab daher – Beweis genug, dass sein Herz leicht und seine Ziele hochgesteckt waren. Er aß einen Apfel und stieß dabei ab und zu einen langen, melodischen Pfiff aus, dem jedes Mal ein tiefes »Bickebuckebickebuckebickebucke« folgte. Er stellte einen Dampfer vor. [...] Er war Dampfboot, Kapitän und Dampfpfeife zugleich und musste auf seinem eigenen Kommandodeck stehen, Befehle geben und sie selbst ausführen.

»Stoppen! Klingeling-ling!«

Die Hauptstraße war beinahe zu Ende und er bog langsam in den Seitenweg ein.

»Halbe Kraft rückwärts! Klingeling-ling!« Seine Arme hoben und senkten sich ruckweise.

»Steuerbord rückwärts! Klingeling-ling! Tuut! Tuhuut Tut!« Der rechte Arm ruderte inzwischen gewaltig in der Luft umher, denn er stellte ein Schaufelrad von vierzig Fuß Umfang vor.

»Backbord rückwärts! Klingelingeling! Tuut! Tuhuut Tut!«

Die linke Hand begann ebenfalls zu rudern. [...]

»Schtschtscht!« Die Ventile arbeiteten.

Seelenruhig tünchte Tom seinen Zaun, ohne den Dampfer zu bemerken. Ben starrte einen Augenblick, dann sagte er.

»He – he – auf dem Trocknen, was?«

Keine Antwort. Mit dem Blick des Künstlers betrachtete Tom seine Malerei, dann gab er dem Pinsel einen eleganten Schwung und prüfte wieder das Resultat. Ben legte sich langseits von ihm. Der Apfel ließ Tom das Wasser im Mund zusammenrinnen, aber er blieb in seine Arbeit versunken.

Ben sagte: »Hallo, alter Freund, du musst also arbeiten, was?«

Tom fuhr herum: »Hallo, da bist du ja, Ben! Hab' dich gar nicht gesehen.«

»Du, ich gehe jetzt schwimmen. Möchtest du nicht auch? Aber ich glaube, du arbeitest lieber, was? Viel lieber, nicht?«

Tom betrachtete den Jungen von oben bis unten und sagte: »Was nennst du denn arbeiten?«

»Wieso? Ist das vielleicht keine Arbeit?«

Tom fing wieder an zu streichen und antwortete gleichgültig: »Kann sein ja, kann sein nein. Ich weiß nur, dass es Tom Sawyer Spaß macht.«

»Du willst doch nicht etwa sagen, dass du das gern tust?«

Der Pinsel ging weiter hin und her.

»Gern? Warum soll ich das nicht gern tun? Kriegt unsereiner vielleicht jeden Tag einen Zaun zu pinseln?«

Das setzte die Sache in ein neues Licht. Ben unterbrach sein Knabbern. Tom schwang den Pinsel rauf und runter, trat zurück, um die Wirkung zu prüfen, fügte hier und da einen Strich hinzu, kritisierte wieder das Ergebnis. Ben bewachte jetzt jede Bewegung und sein Interesse wuchs.

Plötzlich sagte er: »Tom, lass mich einmal ein bisschen streichen.«

Tom überlegte. Er schien schon bereit zuzustimmen, aber er änderte wieder seinen Entschluss.

»Nein, lieber nicht; es wird nicht gehen, Ben. Tante Polly nimmt es furchtbar genau mit dem Zaun, weißt du. Es ist auch gerade hier so an der Straße – wenn es so ein hinterer Zaun wäre, hätte ich ja nichts dagegen, und sie auch nicht. Aber auf den Zaun hier ist sie mächtig scharf und es muss ganz sorgfältig gemacht werden. [...]«

»Tatsächlich? Ach, komm, lass mich einmal versuchen, bloß ein bisschen, ich würde dich auch lassen, wenn ich es wäre, Tom.«

»Bei Gott, Ben, ich täte es gern, aber Tante Polly... Jim wollte vorhin auch, aber sie hat es nicht erlaubt. Auch Sid wollte gern, aber sie lässt ihn auch nicht. Siehst du, ich bin festgenagelt. Wenn du den Zaun zu Ende streichst und irgendetwas geht schief...«

»Ach, Quatsch! Ich werde mich schon vorsehen. Lass mich einmal probieren. Du, ich geb' dir den Rest von meinem Apfel.« Tom gab ihm den Pinsel, Widerwillen im Gesicht, Frohlocken im Herzen. Und während das Dampfboot »Big Missouri« in der heißen Sonne arbeitete und schwitzte, saß der in Ruhestand versetzte Künstler im Schatten auf einem Fass, ließ die Beine baumeln, knabberte an seinem Apfel und hielt nach neuen Opfern für seine Schlachtbank Ausschau. Es fehlte nicht an Material.

4 Erkläre, wie Tom es schafft, Ben für das Streichen des Zaunes zu begeistern.

Jeden Augenblick schlenderte ein Junge vorbei. Sie kamen, um sich lustig zu machen, und sie blieben, um zu – pinseln. Denn mit der Zeit wurde Ben müde. Tom hatte aber schon die nächsten Latten des Zaunes an Billy Fischer vermietet gegen einen gut erhaltenen Drachen. Als Billy fertig war, erwarb Jonny Müller das nächste Stück zum Malen. Er zahlte dafür eine tote Ratte und ein Stück Bindfaden, an dem man sie herumschwingen konnte. So ging es Stunde um Stunde weiter und als der halbe Nachmittag um war, war aus dem kümmerlichen, mit Armut geschlagenen Tom des Morgens buchstäblich ein Kapitalist geworden, der im Reichtum schwamm. Er hatte außer den Dingen, die ich schon erwähnt habe, erworben: zwölf Murmeln, ein Stück von einer Mundharmonika, eine blaue Glasscherbe, als Monokel zu gebrauchen, ein zerbrochenes Blasrohr, einen Schlüssel, der nirgends passte, einen Brocken Kreide, einen Glasstöpsel von einer Karaffe, einen Zinnsoldaten, ein paar Kaulquappen, sechs Knallerbsen, ein lebendiges Kätzchen, das nur ein Auge hatte, einen Türgriff aus Messing, ein Hundehalsband, einen Messergriff, vier Stück Apfelsinenschale und einen demolierten Fensterrahmen. Zu alledem hatte er eine gute, vergnügte, faule Zeit gehabt, massenhaft Gesellschaft und der Zaun war mit einer dreifachen Tünche versehen! Wenn nicht schließlich die Farbe ausgegangen wäre, hätte er bestimmt sämtliche Jungen des Ortes Bankrott gemacht.

Tom fand, dass die Welt alles in allem doch gar nicht so schlecht sei. Er hatte, ohne es zu ahnen, ein wichtiges Gesetz der menschlichen Tätigkeit entdeckt, nämlich dass man, um jemandem eine Sache begehrenswert zu machen, sie nur als schwer erreichbar hinstellen muss. Es ist die alte Geschichte von den Kirschen in Nachbars Garten…

5 Stellt die Begegnungen mit den anderen Jungen szenisch dar. Überlegt euch dazu Dialoge.

6 Sicher kennt ihr auch andere Abenteuergeschichten. Bereitet eine Buchvorstellung im Partnerteam vor. Beachtet dazu die Tipps auf S. 34.

1 Lies den folgenden Textauszug und antworte auf die Fragen:
Wann und wo spielt die Geschichte? Wer handelt? Was passiert?

Cornelia Funke

Gespensterjäger auf eisiger Spur

In dem großen Haus, in dem Tom wohnte, hatte jede Wohnung einen eigenen Keller. Aber Tom war der festen Überzeugung, dass ihr Keller der dunkelste, unheimlichste, spinnenverseuchteste war. Und er wusste auch, warum.

Der Hausmeister, Egon Riesenpampel, war ein Kinderhasser. Und weil Tom und Lola die einzigen Kinder im Haus waren, hatte ihre Familie auch den allerschrecklichsten Keller bekommen. Ganz klar!

Als Tom vor der staubigen Tür stand, kniff er die Lippen zusammen und rückte entschlossen seine Brille zurecht. Der enge, kalte Flur, von dem die Kellertüren abgingen, war nur spärlich beleuchtet, und Tom hatte, wie immer, Schwierigkeiten, den verdammten Schlüssel ins Schloss zu kriegen. Die Tür quietschte scheußlich, als Tom sie aufstieß.

Modrig riechende Schwärze gähnte ihm entgegen. Tapfer machte er einen Schritt vorwärts und tastete nach dem Lichtschalter. Wo, zum Teufel, war das verflixte Ding? Es war so ein altmodischer Drehschalter, an dem man sich die Finger verbog. Na, endlich. Da war er. Tom drehte ihn herum. Eine jämmerliche kleine Glühbirne flammte auf und – paff! – zerplatzte in tausend Splitter.

Erschrocken stolperte Tom zurück – und stieß mit dem Ellbogen gegen die Kellertür. Rumms! fiel sie ins Schloss. Tom stand mutterseelenallein im pechschwarzen Keller.

Ganz ruhig!, dachte er. Ruhig bleiben, alter Junge. Es ist nur die blöde Glühbirne zerplatzt.

Aber seit wann zerplatzen Glühbirnen einfach?

Tom spürte, wie sein Mund trocken wie Schmirgelpapier wurde. Er wollte einen Schritt zurück machen. Aber seine Schuhe klebten an irgendwas fest. Er hörte seinen eigenen Atem. Und dann ein leises Rascheln. So als striche etwas über die alten Zeitungen, die Mama irgendwo in der Dunkelheit gestapelt hatte.

»Hilfe!«, flüsterte Tom. »O Mann, Hilfe!«

»Aaaaaahoooo!«, stöhnte es ihm aus der Finsternis entgegen. Kalter, modrig stinkender Atem strich ihm übers Gesicht. Und eisige Finger packten seinen Hals.

»Weeeg!«, schrie Tom und schlug wie ein Wilder um sich. »Weg, du widerliches Ding!«

Die Eisfinger ließen seinen Hals los und zogen an seinen Ohren. Irgendwas schimmerte weißlich in der Dunkelheit. Irgendwas mit giftgrünen Augen, flatterndem Haar und höhnischem Grinsen. Ein Gespenst!, dachte Tom fassungslos. Ein richtiges Gespenst!

»Ooouuuuaaaah!«, jaulte das entsetzliche Ding.

Mit einem verzweifelten Ruck zog Tom die Füße aus den festgeklebten Schuhen. Er taumelte zur Tür und tastete zitternd nach dem Riegel. Das grausige Etwas zerrte an seinen Haaren und an seiner Jacke und heulte ihm die Ohren voll. Mit letzter Kraft riss Tom die Tür auf, das Gespenst wich mit erbostem Kreischen zurück – und Tom stolperte halb tot vor Schreck auf den Flur hinaus.

2 Beschreibe, wie die Geschichte auf dich wirkt. Überlege, wie die Autorin diese Wirkung erreicht.

3 Der Hausmeister Egon Riesenpampel wird in der Geschichte als »Kinderhasser« bezeichnet. Beschreibt, wie ihr euch Herrn Riesenpampel vorstellt.

4 Überlege, was Tom diesen Schrecken eingejagt haben könnte. Schreibe die Geschichte weiter.

1 Achte beim Lesen der folgenden Geschichte darauf, wodurch eine gruselige Spannung erzeugt wird.

Georg Bydlinski

Das duschende Gespenst

Die Eltern waren bei irgendwelchen Schmidts zum Abendessen eingeladen.

Nikki lag in seinem Bett – die Nachttischlampe brannte – und las in einem Gespensterbuch. Da klopfte es an der Tür. Es war Christa. »Nikki«, sagte sie, »wir können nicht einschlafen. Bei uns knackst und knarrt alles und dauernd fahren Autos vorbei.«

»Erzähl uns eine Geschichte!«, sagte Angelika, die nachgekommen war. »Bitte!«

»Na gut«, sagte Nikki. »Ihr seid mir schöne Angsthasen!«

Nikki zog seinen Schlafrock an und folgte den Schwestern ins Mädchenzimmer. Auf dem Weg dorthin fiel ihm ein, was er den beiden erzählen würde. Nikki grinste, als er sich einen Sessel an die Betten heranholte ...

»Es war einmal eine Wohnung«, begann er, »die sah fast genauso aus wie unsere. Nur eines war anders – «, (Nikki machte eine Pause, bevor er mit leiserer Stimme weitersprach), »es spukte.«

»Huuu!«, sagten Christa und Angelika.

»Zwischen Badezimmer und Klo war in der Wohnung ein winziger Duschraum – so klein, dass gerade ein Mensch hineinging. Könnt ihr euch das vorstellen?«

Christas und Angelikas Köpfe nickten im Dunkeln.

»Der Wohnungsbesitzer«, fuhr Nikki fort, »duschte für sein Leben gern. Eines Tages stand er wieder unter der Brause und sang Seemannslieder. Da kamen seine Feinde daher, ganz leise« – (Nikkis Stimme wurde erneut zu einem Flüstern) – »und mauerten den armen Teufel ein!«

»Nein!«, sagte Angelika.

»Ja!«, sagte Nikki.

Christa sagte nichts, ihr Mund stand weit offen.

»So grausam ist die Welt«, sagte Nikki. »Als der Mann mit dem Duschen fertig war, konnte er nicht mehr hinaus. Überall Wände!

Seine Feinde strichen die zugemauerte Tür mit Farbe an, damit niemand bemerkte, dass dahinter ein Raum war... Nicht einmal das Wasser haben sie ihm abgedreht und jetzt duscht er sogar als Gespenst!«

»Ist er ganz allein?«, fragte Christa, die sich an ihr Polster klammerte.

»Nein«, sagte Nikki. »Ab und zu kommt ihn ein Skelett durch den Luftschacht besuchen und bringt ein neues Stück Seife. Und jetzt schlaft gut!«

Nikki verschwand aus dem Zimmer.

»Nikki! Nikki! Bleib da!«, riefen ihm die Mädchen nach.

Nikki steckte seinen Kopf nochmals zur Tür herein und flüsterte: »Eines hab ich euch zu sagen vergessen: Wundert euch nicht, wenn ihr auf dem Klo sitzt und durch das Entlüftungsgitter kommt plötzlich eine Knochenhand mit einem Badeschwamm. Dann hat sich das Skelett bloß im Zimmer geirrt! Gute Nacht!«

Triumphierend schloss Nikki die Tür hinter sich. Er malte sich den Gesichtsausdruck seiner Schwestern aus. Seit der toten Spinne im Kompott war ihm kein solcher Schlag mehr gelungen!

Nikki las weiter in seinem Buch und aus irgendeinem Grund konnte auch er in dieser Nacht nicht besonders gut schlafen. Um zwölf weckte ihn die Turmuhr: viermal ding für die volle Stunde und dann dong, dong, dong, dong, dong, dong, dong, dong, dong, dong, dong, dong. Gespenstisch.

Nikki erhob sich und wankte aufs Klo. Als er sich dort niedergelassen hatte, hörte er hinter der Wand ein Geräusch...

2 Überlege, wie die Geschichte weitergehen könnte. Schreibe einen eigenen Schluss.

Wasser! Ein Rauschen! So rauscht das Wasser nur, wenn jemand duscht!

Nikki sprang auf und stürzte mit einem Schrei ins Vorzimmer. Er rannte den Schirmständer um und schlug mit dem Knie an den Schuhschrank. Dabei wurde er erst so richtig wach. Aber das Rauschen war immer noch da.

Die Badezimmertür ging lautlos auf.

»Das Duschgespenst!«, dachte Nikki. »Es hat sich befreit!«

Doch im Türrahmen stand ein erstaunter Vater, triefnass und mit von Shampoo schaumigen Haaren.

»Du?«, sagte Nikki ungläubig.

»Na klar«, sagte der Vater. »Bei den Schmidts haben alle wie die Schlote geraucht und ich hab ganz nach Zigaretten gestunken. So wollte ich nicht ins Bett!«

Nikki nickte.

»Wen hättest du denn sonst erwartet, um diese Zeit?«, fragte der Vater. »Etwa ein Gespenst?«

»Ach wo!«, sagte Nikki schnell. »Gespenster gibt es nicht!«

3 Das Sprichwort »Wer andern eine Grube gräbt, fällt selbst hinein« passt auf diese Geschichte. Erkläre, warum.

4 Denke dir nun eine eigene Gespenstergeschichte aus. Die Tipps auf der nächsten Seite helfen dir dabei.

Eine Gespenstergeschichte schreiben

So wie Nikki in der Geschichte »Das duschende Gespenst« kannst auch du eine eigene gruselige Geschichte erzählen. Die folgenden Arbeitsschritte helfen dir dabei.

1. Ideensammlung

- Reizwortketten bilden, die Gänsehaut hervorrufen: *Gespenst, Geisterstunde, Grabstein, Fledermäuse, Totenstille, Wimmern, Knochen*
- Orte und Erscheinungen zusammentragen: *modriger Keller, finsterer Wald, verlassene Burgruine, nächtliche Schulbibliothek; quietschendes Türschloss, knarrende Treppe, schauriges Stöhnen, lautlose Schatten, wehender Vorhang*

2. Gliederung

- Eckpunkte der Handlung überlegen: Wer ist die Hauptfigur? Wann und wo spielt die Geschichte? Was passiert? Wie löst sich das gruselige Ereignis auf?

3. Spannungsvoll erzählen

- mit einer alltäglichen Ausgangslage beginnen, damit sich die Leser mit dem Erzähler der Geschichte identifizieren können: *An einem grauen Novembernachmittag saß ich an meinen Mathehausaufgaben, als plötzlich ...*
- das unheimliche Ereignis genau schildern: *leise – still – totenstill, zaudern – zittern – fürchten, weiß wie Wachs – kreidebleich*
- Gedanken und Gefühle in der Angstsituation beschreiben: *Unruhig spürte ich ..., Mein Herz raste ..., Panisch rannte ich ...*
- mit Fragen die Spannung steigern: *Ob es hier wirklich spukte? War da nicht ein Geräusch? Wie komme ich hier bloß wieder raus?*
- mit einer unerwarteten Wendung die Geschichte auflösen: *Der schrille Ton des Weckers ..., Bei Tageslicht sah ich ...*

1 Bilde eigene Reizwortketten für eine Gruselgeschichte.

2 Beschreibe in wenigen Sätzen einen besonders gruseligen Ort.

3 Trage deine Ideen zusammen und schreibe eine eigene Gespenstergeschichte.

Jutta Richter erzählt in ihrem Buch über Freundschaft, Ausgrenzung und Verrat. Die Ich-Erzählerin beschreibt die ungewöhnliche Freundschaft mit Rainer, der von den Kindern der Siedlung nur Furchendackel, Spielverderber oder Schlappschwanz genannt wird. Er ist jedoch der Einzige, der ihr gegen die unheimliche Kellerkatze beisteht.

1 Achte beim Lesen darauf, wie die Erwachsenen auf die Ängste des Mädchens reagieren.

Jutta Richter

Der Tag, als ich lernte die Spinnen zu zähmen

Angefangen hatte es, als bei uns im Keller die Kellerkatze wohnte. Sie hatte Glühaugen und war groß wie ein Panter. Sie saß ganz hinten im Keller auf dem alten Bettgestell neben Papas Bierkasten. Und sie saß da immer.

Die Großen sagten: »Stell dich nicht so an!«, oder sie sagten: »Du mit deiner Fantasie!« Meine Großmutter meinte, das käme vom vielen Lesen. »Das Kind verdirbt sich nochmal die Augen.«

Und mein Vater lachte und sagte: »Krause Haare, krauser Sinn.«

Aber die Kellerkatze saß auf dem alten Bettgestell und funkelte mich mit ihren Glühaugen an, wenn ich zwei Flaschen Bier holen musste. Niemand außer mir konnte sie sehen, und doch war sie da.

Und ich fürchtete mich und wollte nie mehr in den Keller gehen, und meine Mutter sagte, ich wäre zu faul, bequem und faul.

»Nicht mal Kartoffeln holen will das Kind. Es ist eine Katastrophe mit ihr.« »Komm doch mit!«, bettelte ich. »Nur einmal.« […]

»Da!«, sagte ich und zeigte auf das alte Bettgestell. »Da sitzt sie immer!«

»Nichts sitzt da!«, sagte meine Mutter. »Absolut nichts!«

Sie machte drei Schritte nach vorn. Die Kellerkatze fauchte.

»Pass auf, Mama!«, wollte ich rufen, aber es kam kein Ton über meine Lippen. Ich war wie gelähmt. Stumm vor Entsetzen.

Die Kellerkatze sträubte das Fell. Sie sah plötzlich doppelt so groß aus. Ein Panter war ein Schoßkätzchen gegen sie. Sie machte einen Buckel. Ihr Schwanz peitschte drohend hin und her.

Mama stand jetzt genau vor ihr und wollte mit der Hand auf das Bettgestell klopfen. Sie hätte die Kellerkatze geschlagen, wenn es nicht plötzlich »pitsch« gemacht hätte, und dann war es stockfinster.

Ich schrie, weil ich fürchtete, die Kellerkatze würde meine Mutter anspringen. Dann wäre alles zu spät gewesen. Nie im Leben hätte ich meiner Mutter helfen können.

Ich war ja nur ein Kind. [...]

Es wäre alles für immer so geblieben, wenn nicht Rainer in unser Haus gezogen wäre.

Rainer war etwas älter als ich und mit doofen Weibern hatte er eigentlich nichts am Hut. Ich hatte Glück, dass ich noch nicht zu den doofen Weibern gehörte. Die waren mindestens ein Jahr älter, kamen immer zu zweit und kicherten.

»Na, Meechen[1]«, sagte Rainer, als ich mit dem Kartoffeltopf durchs Treppenhaus schlich. »Haste Angst?«

Ich schluckte und Rainer fragte: »Wovor?«

Und da erzählte ich ihm von der Kellerkatze. Er hörte zu und grinste nicht. Er schüttelte nicht mal den Kopf. Er hörte einfach nur zu und nickte dann, so, als ob da, wo er herkam, die Kellerkatzen sogar in den Küchen wohnten.

»Willste sehen?«, fragte ich.

»Na klar«, sagte Rainer.

Er zog den Spielzeugcolt mit den Knallplättchen aus dem Hosenbund und ging ein bisschen breitbeinig wie der Sheriff im Western.

Das sah etwas bescheuert aus. Aber mir war nur wichtig, er ging vor.

Ich hatte das Gefühl, er könnte mich vor der Kellerkatze beschützen.

Und ich wusste, sie saß da und wartete auf uns.

1 Mädchen

Wir öffneten leise die schwere Eisentür und schlichen mit angehaltenem Atem die Treppenstufen hinunter. Ich blieb dicht hinter Rainer, so dicht, dass ich ihn riechen konnte.

Er roch nach Lehm und Wiese und nach Knallplättchen. Ein bisschen sauer und ein bisschen süß, und ich konnte ihm vertrauen.

»Beweg dich nicht!«, flüsterte er. »Da sitzt sie!«

Er zeigte mit dem Spielzeugcolt in Richtung Bettgestell.

»Wahnsinn! So eine große hab ich noch nie gesehen! Das ist die größte Kellerkatze der Welt!«

»Und jetzt?«, fragte ich.

Rainer zeigte auf das Kellerfenster.

»Schleich dich da rüber und mach es auf«, flüsterte er. »Aber lass die Katze nicht aus den Augen!«

Mein Herz tat einen Sprung, fast hätte ich mich nicht getraut, aber dann sah ich ihn an und wollte kein Angsthase sein. Ich schlich vorsichtig auf das Fenster zu und schob langsam den Riegel nach unten. Die Kellerkatze war höchstens einen Meter von mir entfernt.

»Wenn ich losballere, musst du schreien!«, zischte Rainer mir zu. [...]

Ich hörte, wie er mit einem Klick den Colt entsicherte.

»Jetzt!« Und dann knallte es und ich schrie und ich schrie und es knallte.

Und die Kellerkatze jaulte auf und floh mit hoch aufgerecktem Schwanz Richtung Kellerfenster.

Sie prallte gegen das Gitter, rutschte ab, nahm einen neuen Anlauf und verschwand dann fauchend im Hinterhof.

»Na, bitte!«, sagte Rainer und grinste. »Haste noch Angst, Meechen?«

»Wovor?«, grinste ich zurück.

»Eben«, sagte Rainer. Und ab da waren wir Freunde.

2 Beschreibe, wie das Mädchen die Kellerkatze sieht. Ist sie wirklich so furchterregend?

3 Erkläre, wie Rainer es schafft, die Angst des Mädchens zu vertreiben.

4 Suche für diesen Auszug eine passende Überschrift.

Kapitel 5

Nun lasst die Puppen tanzen – Stücke zum Spielen mit und ohne Puppen

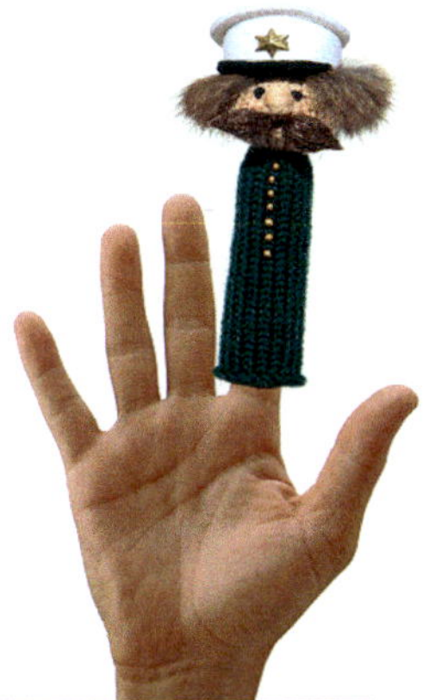

1 Ordne den Abbildungen die folgenden Begriffe zu: Fingerpuppe, Stabpuppe, Marionette, Handspielpuppe.

2 Überlege, wie man mit den verschiedenen Puppen spielen kann.

Fachübergreifendes

Von Kasperle bis Hurvínek

Puppentheater gibt es in fast allen Ländern der Erde. Vor vielen hundert Jahren kam das Puppenspiel aus Ostasien und Indien nach Europa. Ganze Puppenspielerfamilien verdienten sich so ihren Lebensunterhalt. Sie zogen mit ihren Wandertheatern durch das Land und spielten auf verschiedenen Jahrmärkten. Hauptthema der Stücke war die Auseinandersetzung zwischen Gut und Böse, zwischen Himmel und Hölle. Es entstanden einige für das Puppenspiel typische Figuren, wie der Hanswurst und der Kasper.

Für das Spiel können viele unterschiedliche Puppenarten verwendet werden. Die Palette reicht von einfachen Fingerpuppen, die meist auf den Zeigefinger gesetzt werden, über Handpuppen und so genannte Stabpuppen bis hin zu Marionetten.

In Deutschland gibt es verschiedene Puppenbühnen, die nicht nur Stücke für Kinder, sondern auch für Erwachsene spielen. Einige besitzen eine feste Spielstätte, z. B. das Puppentheater Halle oder das Theater Waidspeicher in Erfurt. Andere ziehen auch heute noch von Theater zu Theater, treten in Schulen oder auf großen Festen auf. Puppenspieler ist ein richtiger Beruf, der an Hochschulen für Schauspielkunst, z. B. in Berlin und Stuttgart, erlernt werden kann.

Das wohl berühmteste Marionettentheater stammt aus Prag. Spejbl und Hurvínek sind vielen Kindern und Erwachsenen seit der Gründung ihres Theaters im Jahre 1930 ein Begriff. Hauptfiguren aller Inszenierungen sind Spejbl und Hurvínek, Vater und Sohn, die fast immer unterschiedlicher Meinung sind. Eine wichtige Rolle spielt oft Hurvíneks Freundin Mánička. Da das Theater seine Stücke in acht Sprachen aufführen kann, gibt die Spielertruppe regelmäßig Gastspiele in aller Welt.

1. Eine weitere Form des Puppenspiels ist das Schattentheater. Bereite dazu einen kurzen Vortrag vor.

2. Informiere dich im Internet über den Beruf des Puppenspielers.

1 Lies die folgende Puppenspielszene und überlege dir eine passende Überschrift.

Miloš Kirschner, Pavel Grym

Spejbl und Hurvínek

Licht auf der Vorbühne. Spejbl steht direkt im Scheinwerferlicht, Hurvínek kommt auf seinen Vater zugetrippelt.

Hurvínek Tschau, Pappi!

Spejbl Wo warst du denn so lange?

Hurvínek Im Park.

Spejbl So spät noch? Wenn die Nacht schon hereinbricht?

Hurvínek Ich bin schon seit dem Nachmittag dort gewesen …

Spejbl Nachmittags macht es mir nichts aus … jetzt, abends geht es mir gegen den Strich, wenn da langsam alle möglichen Dingsda hinkommen und anfangen, sich …

Hurvínek Na … ich hab …

Spejbl Um diese Zeit hast du nichts auf der Straße zu suchen … Du sollst zu Hause sein, die Gute-Nacht-Sendung hören und marsch ins Bett!

Hurvínek Aber ich war ja nicht allein dort …!

Spejbl Und mit wem, wenn ich fragen darf …!

Hurvínek Mit der Mánička!

Spejbl So spät noch?

Hurvínek Wir sind schon seit dem Nachmittag dort gewesen …

Spejbl *(erbost)* Nachmittags macht's mir nichts aus, hab' ich gesagt! Mir geht es so spät gegen den Strich. *(verdächtigend)* Und überhaupt …? Was habt ihr denn gemacht, wenn ihr dort schon seit dem Nachmittag gewesen seid?

Hurvínek Na, gespielt haben wir …

Spejbl Bis jetzt zum Abend?

Hurvínek Jawohl, bitte.

Spejbl Und was habt ihr gespielt? Jetzt, wo man die Hand nicht mehr vor den Augen sieht?

Hurvínek Wir haben nachmittags gespielt…

Spejbl Nachmittags ist mir das egal… *(nachdrücklich)* Jetzt abends… was… habt ihr da gespielt?

Hurvínek Blindekuh!

Spejbl *(regt sich wieder auf)* Sei nicht frech, sonst stelle ich dir die Holzschuhe vor die Tür…!

Hurvínek Aber… wirklich, im Ernst! Aber dann genierten wir uns doch irgendwie und haben Vater und Mutter gespielt…

Spejbl Was? Wie?

Hurvínek Na, wie man eben Vater und Mutter spielt, so wie die anderen…

Spejbl Welche anderen?

Hurvínek Na die Dingsda, die da hinkamen…

Spejbl Also bitte, da habt ihr ihn…! Das kleine Einmaleins, das sind für ihn spanische Dörfer, aber den Teufel am Bart zupfen, das kann er schon… *(Hurvínek rollt mit den Augen.)* Roll nicht immer so mit den Augen!

Hurvínek Also, ich verstehe dich überhaupt nicht mehr! Du sprichst in Rätseln…

Spejbl Dafür verstehe ich dich umso besser… Das ist aber auch eine Idee… wie hast du gesagt, Vater und Mutter spielen… Noch dazu in der Öffentlichkeit… Wenn es zu Hause wäre, meinetwegen, wo man's nicht sieht, nicht wahr… dann von mir aus… aber… Und überhaupt: Wie spielt man das?

Hurvínek Du kennst das nicht?

Spejbl Na, auf diese Weise jedenfalls nicht! Also, wie war es?

Hurvínek Na, wir haben uns bei der Hand gehalten… und… so…

Spejbl Was heißt… und so?

Hurvínek Na… und so!

Spejbl Was heißt »und so«, hab ich gefragt??!!

Hurvínek … na… und ich wollte Mánička überreden… weil sie nicht wollte…

Spejbl *(fällt ihm ins Wort)* Was…??? Also, du hast die Mánička überreden wollen?

Hurvínek *(weinerlich)* Jawohl, bitte.

Spejbl Und sie wollte nicht?

Hurvínek Sie wollte nicht…

Spejbl *(moralisch bis aufs Äußerste entrüstet)* Und weißt du, was ich jetzt tun werde? Ich hole den Doktor aus Spanien und werde dir damit eine Medizin verabreichen, dass dir… Wozu wolltest du sie überreden?

Hurvínek *(heulend)* Na… ich wollte… die Mánička… überreden… dass wir… nach Hause gehen sollen, weil es schon so spät war…!

(Spejbl ist von der Pointe wie erschlagen und fällt rücklings hin.)

2 Gib die Pointe dieses Stückes mit eigenen Worten wieder. Worin besteht das Missverständnis zwischen Vater und Sohn?

3 Gestaltet den Text durch Lesen mit verteilten Rollen. Probiert vorher aus, wie der aufgebrachte Vater und der unschuldige Sohn sprechen könnten.

4 Denkt euch weitere Szenen zwischen Eltern und Kind aus, die ein Missverständnis zum Thema haben.

Hurvínek, Mánička und Hund Žeryk

Kochlöffelpuppen herstellen

Mit einfachen Mitteln lassen sich Puppen für eine Aufführung basteln, z.B. aus Kochlöffeln.

Material:

- Holzkochlöffel
- Filz- und Farbstifte
- Stoff-, Fell- und Wollreste, Knöpfe
- Schere, Klebstoff

So geht's:

- mit Filzstift auf der nach innen gewölbten Seite des Kochlöffels ein charakteristisches Gesicht zeichnen, das die Grundhaltung der Figur erkennen lässt
- aus Fell, Plüsch oder Wollresten Haare und Bärte fertigen und ankleben
- für die Kleidung aus einem Stück Stoff einen Kreis zuschneiden
- in die Mitte des Kreises ein kleines Loch für den Kochlöffelstiel schneiden
- den Halsausschnitt am Kochlöffel festkleben

Tipps:

- farbenfrohe Kleidung für lustige Figuren, gedeckte Farben für ältere, arme oder traurige Figuren nutzen
- die Kleidungsgröße so wählen, dass die Hände bequem darunterpassen
- besondere Figuren mit zusätzlichen Details versehen, z. B. eine Krone für den König, Hörner und Schwanz für den Teufel

1 Verfasse aus den Stichpunkten eine Bastelanleitung in ganzen Sätzen.

2 Gestalte zu einem der Texte aus diesem Kapitel einfache Kochlöffelfiguren.

Tipps für Puppenspieler

Das Spiel mit der Puppe erfordert ein hohes Maß an Geschicklichkeit und muss geübt werden. Hier sind einige Tipps dafür:

Bühnenaufbau
Dafür eignet sich eine Tischkante oder ein Karton. Dabei solltet ihr auch auf einen Bühnenhintergrund, ausreichend Lichtquellen und deren Position achten.

Probe des Puppenspiels
Führe die Puppe immer so über dem Bühnenrand, dass alle Zuschauer ihr Gesicht sehen können. Welche Puppe gerade spricht, wird durch langsames und überdeutliches Spiel angezeigt.

Da Worte und Bewegungen zueinander passen müssen, ist es wichtig, die Gestik deiner Puppe einzustudieren. Überlege daher, wie sie etwas verneinen, traurig oder lustig sein kann.

Szenisches Lesen oder Sprechen
Die Figuren müssen sich in ihrer Sprechweise deutlich unterscheiden. Stimme dich daher mit deinen Partnern ab, welche Figur z. B. tief und bedächtig, welche besonders schnell und hoch sprechen soll. Übt das szenische Lesen gemeinsam, damit jeder Einsatz stimmt und das Spiel nicht stockt.

1 Überlegt euch kleine Szenen mit euren Puppen und führt sie vor.

2 Plant nun ein ganzes Puppenspiel und fertigt dazu ein Bühnenbild an.

Antoine de Saint-Exupéry war ein begeisterter Pilot, der mit seinem Flugzeug im 2.Weltkrieg abstürzte. »Der kleine Prinz« ist ein Kind, das dem Erzähler bei einer Flugzeugpanne in der Wüste erscheint. Es ist auf der Suche nach dem Sinn von Freundschaft. Auf seiner Reise zu verschiedenen Planeten begegnen ihm die merkwürdigsten Gestalten und auf der Erde – ein sprechender Fuchs. Hier könnt ihr eine Theaterfassung mit verteilten Rollen lesen.

Nach Antoine de Saint-Exupéry

Der kleine Prinz

16. Szene

Der kleine Prinz betritt einen Rosengarten auf der Erde.

kleiner Prinz Guten Tag.

Rosen Guten Tag.

kleiner Prinz *(erstaunt)* Wer seid ihr?

Rosen Wir sind Rosen.

kleiner Prinz Ach! *(unglücklich)* Meine Blume hat mir erzählt, dass sie auf der ganzen Welt einzig in ihrer Art sei. Und siehe! Da sind fünftausend davon, alle gleich, in einem einzigen Garten. [...] Ich glaubte, ich sei reich durch eine einzigartige Blume, und ich besitze nur eine gewöhnliche Rose. [...]

(Der kleine Prinz weint.)

17. Szene

Der kleine Prinz und der Fuchs auf der Erde. Ein Apfelbaum.

Fuchs Guten Tag.

kleiner Prinz *(höflich)* Guten Tag.

(Der kleine Prinz dreht sich um, sieht aber nichts.)

Fuchs Ich bin hier unter dem Apfelbaum...

kleiner Prinz Wer bist du? Du bist sehr hübsch...

Fuchs Ich bin ein Fuchs.

kleiner Prinz Komm und spiel mit mir. Ich bin so traurig...

Fuchs Ich kann nicht mit dir spielen. Ich bin noch nicht gezähmt!

kleiner Prinz Ah, Verzeihung!

(Schweigen.)

kleiner Prinz Was bedeutet das: »zähmen«?

Fuchs Du bist nicht von hier, was suchst du?

kleiner Prinz Ich suche die Menschen. Was bedeutet »zähmen«?

Fuchs Die Menschen, die haben Gewehre und schießen. Das ist sehr lästig. Sie ziehen auch Hühner auf. Das ist ihr einziges Interesse. Du suchst Hühner?

kleiner Prinz Nein, ich suche Freunde. Was heißt »zähmen«?

Fuchs Das ist eine in Vergessenheit geratene Sache. Es bedeutet: sich »vertraut machen«.

kleiner Prinz Vertraut machen?

Fuchs Gewiss. Du bist für mich noch nichts als ein kleiner Knabe, der hunderttausend kleinen Knaben völlig gleicht. Ich brauche dich nicht, und du brauchst mich ebenso wenig. Ich bin für dich nur ein Fuchs, der hunderttausend Füchsen gleicht. Aber wenn du mich zähmst, werden wir einander brauchen. Du wirst für mich einzig sein in der Welt. Ich werde für dich einzig sein in der Welt…

kleiner Prinz Ich beginne zu verstehen. Es gibt eine Blume… ich glaube, sie hat mich gezähmt…

Fuchs Das ist möglich. Man trifft auf der Erde alle möglichen Dinge…

kleiner Prinz Oh, das ist nicht auf der Erde.

Fuchs (*aufgeregt*) Auf einem anderen Planeten?

kleiner Prinz Ja.

Fuchs Gibt es Jäger auf diesem Planeten?

kleiner Prinz Nein.

Fuchs Das ist interessant! Und Hühner?

kleiner Prinz Nein.

Fuchs Nichts ist vollkommen!
Mein Leben ist eintönig. Ich jage Hühner, die Menschen jagen mich. Alle Hühner gleichen einander, und alle Menschen gleichen einander. Ich langweile mich also ein wenig. Aber wenn du mich zähmst, wird mein Leben wie durchsonnt sein. Ich werde den Klang deines Schrittes kennen, der sich von allen anderen unterscheidet. Die anderen Schritte jagen mich unter die Erde. Der deine wird mich wie Musik aus dem Bau locken. Und dann schau! Du siehst da drüben die Weizenfelder? Ich esse kein Brot. Für mich ist der Weizen zwecklos. Die Weizenfelder erinnern mich an nichts. Und das ist traurig. Aber du hast weizenblondes Haar. Oh, es wird wunderbar sein, wenn du mich einmal gezähmt hast! Das Gold der Weizenfelder wird mich an dich erinnern. Und ich werde das Rauschen des Windes im Getreide lieb gewinnen. *(Schweigen.)* Bitte ... zähme mich!

kleiner Prinz Ich möchte wohl, aber ich habe nicht viel Zeit. Ich muss Freunde finden und viele Dinge kennen lernen.

Fuchs Man kennt nur die Dinge, die man zähmt. [...] Wenn du einen Freund willst, so zähme mich!

kleiner Prinz Was muss ich da tun?

Fuchs Du musst sehr geduldig sein. Du setzt dich zuerst ein wenig abseits von mir ins Gras. Ich werde dich so verstohlen, so aus dem Augenwinkel anschauen, und du wirst nichts sagen. Die Sprache ist die Quelle der Missverständnisse. Aber jeden Tag wirst du dich ein bisschen näher setzen können ...

1 Erkläre mit eigenen Worten, was für den Fuchs »zähmen« bedeutet.

2 Überlege, was dich in deiner Umgebung an Menschen, die du kennst, erinnert.

18. Szene

Der kleine Prinz und der Fuchs am nächsten Morgen auf der Erde.

Fuchs Es wäre besser gewesen, du wärst zur selben Stunde wiedergekommen. Wenn du zum Beispiel um vier Uhr nachmittags kommst, kann ich um drei Uhr anfangen, glücklich zu sein. Je mehr Zeit vergeht, umso glücklicher werde ich mich fühlen. Um vier Uhr werde

ich mich schon aufregen und beunruhigen; ich werde erfahren, wie teuer das Glück ist. Wenn du aber irgendwann kommst, kann ich nie wissen, wann mein Herz da sein soll […].

19. Szene

Fuchs Ach! Ich werde weinen.

kleiner Prinz Das ist deine Schuld, ich wünschte dir nichts Übles, aber du hast gewollt, dass ich dich zähme …

Fuchs Gewiss.

kleiner Prinz Aber nun wirst du weinen!

Fuchs Bestimmt.

kleiner Prinz So hast du nichts gewonnen!

Fuchs Ich habe die Farbe des Weizens gewonnen. Geh die Rosen wieder anschauen. Du wirst begreifen, dass die deine einzig ist in der Welt.

kleiner Prinz Adieu.

Fuchs Adieu. Es ist ganz einfach: Man sieht nur mit dem Herzen gut. Das Wesentliche ist für die Augen unsichtbar.

3 Vergleiche die Vorstellungen des Fuchses zum Thema »Freundschaft« mit deinen eigenen.

4 Am Ende verrät der Fuchs dem kleinen Prinzen sein Geheimnis. Erkläre, wie man »mit dem Herzen sehen« (Z. 99) kann.

5 Spielt die Begegnung der beiden nach. Entscheidet euch für eine bestimmte Art des Puppenspiels (Spiel mit Kochlöffelpuppen, Schattentheater o. Ä.).

Wilhelm Tell ist ein sagenumwobener Volksheld aus der Schweiz. Als er sich weigert, den Hut eines Herrschers ehrerbietig zu grüßen, verurteilt ihn der Landvogt[1] Gessler zum Tode – es sei denn, Tell vollbringe eine äußerst gefährliche Tat.

1 Lies die folgende Szene und fasse zusammen, was der Landvogt von Tell fordert.

Friedrich Schiller

Wilhelm Tell

Dritter Aufzug, dritte Szene

Gessler Du bist ein Meister auf der Armbrust, Tell,
Man sagt, du nimmst es auf mit jedem Schützen?
Walther Tell Und das muss wahr sein, Herr, 'nen Apfel schießt
Der Vater dir vom Baum auf hundert Schritte.
Gessler Ist das dein Knabe, Tell?
Tell Ja, lieber Herr. […]
Gessler Nun, Tell! Weil du den Apfel triffst vom Baume
Auf hundert Schritte, so wirst du deine Kunst
Vor mir bewähren müssen – Nimm die Armbrust –
Du hast sie gleich zur Hand – und mach dich fertig,
Einen Apfel von des Knaben Kopf zu schießen –
Doch will ich raten, ziele gut, dass du
Den Apfel treffest auf den ersten Schuss,
Denn fehlst du ihn, so ist dein Kopf verloren.
(Alle geben Zeichen des Schreckens.)
Tell Herr – Welches Ungeheure sinnet Ihr
Mir an – Ich soll vom Haupte meines Kindes –
– Nein, nein doch, lieber Herr, das kömmt Euch nicht
Zu Sinn – Verhüt's der gnäd'ge Gott – das könnt Ihr
Im Ernst von einem Vater nicht begehren!
Gessler Du wirst den Apfel schießen von dem Kopf
Des Knaben – Ich begehr's und will's.
Tell Ich soll
Mit meiner Armbrust auf das liebe Haupt
Des eignen Kindes zielen – Eher sterb ich!

1 vom König eingesetzter Verwalter eines Gebietes

Gessler Du schießest oder stirbst mit deinem Knaben.
Tell Ich soll der Mörder werden meines Kinds!
Herr, Ihr habt keine Kinder – wisset nicht,
Was sich bewegt in eines Vaters Herzen. [...]
Berta Scherzt nicht, o Herr, mit diesen armen Leuten!
Ihr seht sie bleich und zitternd stehen – So wenig
Sind sie Kurzweils gewohnt aus eurem Munde.
Gessler Wer sagt euch, dass ich scherze? [...]
Stauffacher Herr Landvogt, rührt Euch nicht
des Kindes Unschuld?
Rösselmann O denket, dass ein Gott im Himmel ist,
Dem Ihr müsst Rede stehn für Eure Taten.
Gessler *(zeigt auf den Knaben)*
Man bind ihn an die Linde dort!
Walther Tell Mich binden!
Nein, ich will nicht gebunden sein. Ich will
Stillhalten wie ein Lamm und auch nicht atmen.
Wenn Ihr mich bindet, nein, so kann ich's nicht,
So werd ich toben gegen meine Bande.
Rudolf der Harras Die Augen nur lass dir verbinden,
Knabe.
Walther Tell Warum die Augen? Denket Ihr, ich fürchte
Den Pfeil von Vaters Hand? Ich will ihn fest
Erwarten und nicht zucken mit den Wimpern.
– Frisch, Vater, zeig's, dass du ein Schütze bist,
Er glaubt dir's nicht, er denkt uns zu verderben –
Dem Wütrich zum Verdrusse, schieß und triff.
(Er geht an die Linde, man legt ihm den Apfel auf.) [...]

2 Beschreibe das Auftreten von Gessler und Tell.

3 Lest die Szene noch einmal mit verteilten Rollen.
Überlegt, wie die Figuren sprechen, damit ihr Charakter deutlich wird.

4 Stelle Vermutungen darüber an, wie die Szene weitergeht. Schießt Tell?
Und wenn ja, trifft er den Apfel?

5 Lies, wie es weitergeht. Prüfe, ob deine Vermutung richtig war.

Tell steht in fürchterlichem Kampf, mit den Händen zuckend und die rollenden Augen bald auf den Landvogt, bald zum Himmel gerichtet. – Plötzlich greift er in seinen Köcher, nimmt einen zweiten Pfeil heraus und steckt ihn in seinen Goller[2]*. Der Landvogt bemerkt alle diese Bewegungen.*

Walther Tell *(unter der Linde)*

Vater, schieß zu, ich fürcht mich nicht.

Tell Es muss!

(Er rafft sich zusammen und legt an.)

[...]

Stauffacher *(ruft)* Der Apfel ist gefallen!

(Indem sich alle nach dieser Seite gewendet und Bertha zwischen Rudenz und den Landvogt sich geworfen, hat Tell den Pfeil abgedrückt.)

Rösselmann Der Knabe lebt!

Viele Stimmen Der Apfel ist getroffen!

(Walther Fürst schwankt und droht zu sinken, Bertha hält ihn.)

Gessler *(erstaunt)* Er hat geschossen? Wie? der Rasende!

Bertha Der Knabe lebt! Kommt zu Euch, guter Vater!

Walther Tell *(kommt mit dem Apfel gesprungen)*

Vater, hier ist der Apfel – Wusst' ich's ja,
Du würdest deinen Knaben nicht verletzen.

(Tell stand mit vorgebeugtem Leib, als wollt er dem Pfeil folgen – die Armbrust entsinkt seiner Hand – wie er den Knaben kommen sieht, eilt er ihm mit ausgebreiteten Armen entgegen und hebt ihn mit heftiger Inbrunst zu seinem Herzen hinauf, in dieser Stellung sinkt er kraftlos zusammen.)

Alle stehen gerührt.

Berta O gütger Himmel! [...]

Stauffacher Gott sei gelobt! [...]

Rudolf der Harras

Erzählen wird man von dem Schützen Tell,
Solang die Berge stehn auf ihrem Grunde.
(Er reicht dem Landvogt den Apfel.)

2 Kragen

Gessler Bei Gott! der Apfel mittendurch geschossen!
Es war ein Meisterschuss, ich muss ihn loben.
Rösselmann Der Schuss war gut, doch wehe dem, der ihn
Dazu getrieben, dass er Gott versuchte.
Stauffacher
Kommt zu Euch, Tell, steht auf, Ihr habt Euch männlich
Gelöst, und frei könnt Ihr nach Hause gehen.
Rösselmann Kommt, kommt und bringt der Mutter ihren Sohn.
(Sie wollen ihn wegführen.)
Gessler Tell, höre!
Tell *(kommt zurück)* Was befehlt Ihr, Herr?
Gessler Du stecktest
Noch einen zweiten Pfeil zu dir – Ja, ja,
Ich sah es wohl – Was meintest du damit?
Tell *(verlegen)* Herr, das ist also bräuchlich bei den Schützen.
Gessler Nein, Tell, die Antwort lass ich dir nicht gelten,
Es wird was anders wohl bedeutet haben.
Sag mir die Wahrheit frisch und fröhlich, Tell,
Was es auch sei, dein Leben sichr' ich dir.
Wozu der zweite Pfeil? [...]

6 Gib den Verlauf der Handlung mit eigenen Worten wieder.

7 Stellt Vermutungen darüber an, was Tell antworten könnte und wie der Landvogt Gessler auf die Antwort reagieren wird. Vergleicht mit der Lösung auf S. 159.

8 Tauscht euch darüber aus, ob es vorstellbar ist, dass ein Vater seinen Sohn einer solchen Gefahr aussetzt.

Auch Geschichten oder Auszüge aus Romanen lassen sich auf die Bühne bringen. Die Klasse 6 b der Nordlicht-Schule Rostock hat die Abenteuer von Tom Sawyer aus diesem Lesebuch (S. 80–85) zu einem szenischen Text umgeschrieben. Den Anfang findet ihr hier.

Tom Sawyer

Tante Polly Tom, es ist Samstag und damit an der Zeit, dass ich dich für deine Frechheiten bestrafe. Ich dulde keinen Widerspruch.

Tom Aber...

Tante Polly Tom Sawyer, so wahr ich hier stehe, ich werde dich zu einem artigen Jungen machen.

(Tom gibt sich mit hängendem Kopf geschlagen.)

Tante Polly Hier, nimm Farbeimer und Pinsel. Den Zaun wirst du bis zum Abend gestrichen haben, sonst...

Tom Gut, gut, Tante Polly, ich werde dir beweisen, dass ich kein Taugenichts bin. *(zum Publikum gewandt)* Es nützt ja nichts. Sie wird sich nicht erweichen lassen. Vielleicht fällt mir ja noch ein, wie ich mich drücken kann. *(Schon nach ein paar Pinselstrichen hört er auf und brütet vor sich hin.)* Bald werden die Jungen auf dem Weg zur Badestelle hier vorbeikommen und über mich spotten.

(Jim, der farbige Diener, kommt mit einem leeren Eimer vorbei.)

Jim *(pfeift etwas vor sich hin)* Hallo, Tom, musst du auch arbeiten?

Tom Ja, Jim, aber hast du nicht Lust zu tauschen? Ich könnte das Wasser vom Fluss holen und du streichst die paar Meter Zaun für mich?

Jim Tut mir leid, aber alte Missis hat verboten.

Tom Pah, die meint das nicht so. Gib mir den Eimer, ich brauch' ja nur eine Minute. Sie braucht es ja gar nicht zu wissen.

Jim Oohh, darf nicht, Massa Tom. Alte Missis mir Kopf abreißen.

Tom Ach, die redet nur. Reden tut nicht weh. *(Jim schwankt.)* Ich geb' dir eine Murmel! Aus Glas!

1 Vergleiche den Anfang des Textauszugs auf S. 80–81 mit dieser szenischen Fassung. Wie wurden Informationen des Erzählers eingebaut?

2 Schreibt die Szene weiter, indem ihr euch an dem Erzähltext orientiert.

Kapitel 6

Sagenhaft! Helden früher und heute

Siegfried, ein Held der nordischen Sagenwelt, war übermenschlich stark.
Er tötete einen Drachen und badete anschließend im Drachenblut.
(Illustration zur Inszenierung der Oper „Ring der Nibelungen“ an der Mailänder Scala, 1899)

1 Sammle Eigenschaften, die dir zu Helden einfallen.

2 Tauscht euch darüber aus, ob es auch heute noch Helden gibt.

Viele griechische Sagen handeln von Göttern und Helden. Eine der bekanntesten Sagen dreht sich um den Trojanischen Krieg. Im Mittelpunkt steht der Kampf zwischen Griechen und Trojanern um Helena, die schönste Frau der Welt.

Rosemary Sutcliff

Paris entführt Helena*

Selbst über die weitesten Grenzen Griechenlands hinaus gelangte der Ruf von Helenas Schönheit, bis er schließlich auch Troja erreichte, wie es Aphrodite vorausgesehen. Und kaum hatte Paris von ihr gehört, beschloss er, loszuziehen und sich selbst zu überzeugen, ob sie so schön sei, wie die Männer sagten. [...] Wenn Paris etwas wollte, so musste er es haben; daher bat er seinen Vater um ein Schiff und segelte mit seinen Gefährten davon.

Das ganze weite Ägäische Meer lag vor ihnen und oft trieben die Winde sie vom Kurse ab. Doch endlich kam ihr Ziel in Sicht. Und kaum hatten sie's erreicht, ließen sie das Schiff auf den Strand laufen und kletterten die langen Hügelpfade hinauf, die sie vor den Festungspalast von König Menelaos brachten.

Im Vorhof empfingen Sklaven sie, wie's bei allen Fremden der Brauch ist, und führten sie hinein, dass sie das Salz und den Staub der langen Reise abwuschen. Und dann standen sie in frischen Gewändern vor dem König in seinem großen Saal, wo das Feuer auf dem erhöhten Herd in der Mitte brannte und des Herrschers Lieblingshunde um ihn verstreut lagen.

»Seid willkommen, Fremdlinge«, begann Menelaos. »Sagt mir, wer ihr seid und von wo ihr kommt und was euch an meinen Herd führt.«

»Ich bin eines Königs Sohn, Paris ist mein Name; aus Troja bin ich weit übers Meer herangereist«, erwiderte Paris. »Ich bin hier, weil es mein Wunsch ist, ferne Länder zu sehen. Und der Ruf des Menelaos ist bis an unsre Küste gelangt als ein großer König und freundlicher Gastgeber dem Fremden.«

»So nehmt Platz und speiset, denn ihr müsst des Weges müde sein nach so weiter Fahrt«, sprach der König. [...]

Und als sie aßen und sich mit ihrem Gastgeber unterhielten und ihm von den Abenteuern ihrer Fahrt erzählten, trat Königin Helena aus den

Guido Reni: Die Entführung der Helena, 1631

Frauengemächern zu ihnen, gefolgt von zweien ihrer Mägde, die eine trug ihre kleine Tochter, die andere ihre Spindel von Elfenbein und den Rocken, um welchen viel Wolle von tiefvioletter Farbe gewickelt war. Sie ließ sich am anderen Ende des Feuers nieder und begann zu spinnen. Und wie sie so spann, lauschte sie den Reiseschilderungen der Fremdlinge.

Und in kurzen, rasch hingeworfenen Blicken trafen sich ihre Augen durch den Rauchschleier von der Feuerstelle. Und Paris sah, dass Menelaos' Königin sehr schön war, noch schöner, als man berichtet hatte, golden wie die Farbe von Strohhalmen schien sie und süß wie wilder Honig. Und Helena wiederum sah vor allem, dass der fremde Prinz jung war.

Ihr Vater hatte Menelaos gewählt, nicht sie. Wohl war ihre Ehe recht glücklich, doch ihr Gemahl war um vieles älter als sie, und die ersten grauen Haare zeigten sich in seinem Bart. Im Gold von Paris' Bart jedoch, da gab es kein Grau, und seine Augen leuchteten, und ein Lachen spielte um seine Mundwinkel. Ihr Herz schlug schneller, als sie ihn betrachtete, und einmal riss der violette Faden.

1 Was erfährst du über die Hauptpersonen Paris, Menelaos und Helena?

Viele Tage blieben Paris und seine Gefährten als Gäste des Königs Menelaos, und schon bald reichte es Paris nicht mehr, die Königin nur anzuschauen [...], und er fragte sich, wie er denn je fortziehen sollte ohne Helena mit den schönen Wangen. [...]

Eines Tages dann ritt der König zur Jagd. Paris fand eine Ausrede, um ihn nicht begleiten zu müssen, und blieb zurück und seine Gefährten mit ihm. Und als sie allein waren miteinander und im silbrigen Schatten der Olivenbäume einhergingen, während seine Begleiter sich mit den Mägden vergnügten, sagte Paris der Königin, nur um sie zu sehen, sei er von so weit her gekommen, und, dass er sie, nun da er sie erblickt', bis ins tiefste Innre seines Herzens liebe und nicht mehr leben könne ohne sie.

»Das«, sprach Helena, »hättest du mir nicht gestehen dürfen. Denn ich bin eines anderen Mannes Frau. Und jetzt, da du mir's gesagt hast, ist's umso schlimmer für mich, wenn du wieder fortgehst und mich zurücklässt.«

»Liebste«, erwiderte Paris, »mein Schiff liegt in der Bucht, und dein Gemahl ist nicht zu Haus'. Komm mit mir, du und ich, wir gehören zusammen wie zwei Weinreben, die vom selben Stocke stammen.«

Und sie redeten und redeten miteinander an diesem heißen Nachmittag, begleitet vom Zirpen der Zikaden, und er drängte sie und noch zögerte sie. Aber war er nicht Paris, der alles bekam, was er wollte? Und tief in ihrem Innern hegte sie den gleichen Wunsch.

Zu guter Letzt gab sie Mann und Kind und Ehre auf. Und er führte sie, seine Gefährten im Gefolge, denen die Mägde nachjammerten und -flehten, die Bergpfade hinab, die Wege entlang zu seinem Schiff, das an der Küste wartete.

So hatte Paris nun die Braut, die Aphrodite ihm versprochen hatte, und von da kam alle Not, die darauf folgte.

2 Unterteile den Text in Abschnitte. Suche dazu passende Überschriften.

3 Erzähle dann die Geschichte nach.

4 Informiere dich, wer Aphrodite war und warum sie Paris versprochen hatte, Helena als Braut zu bekommen.

Fachübergreifendes

Der Trojanische Krieg: Dichtung oder historische Wahrheit?

Vor ungefähr 2800 Jahren beschrieb der Dichter Homer in seinem Epos »Ilias« den Kampf um Troja. Lange Zeit dachten die Menschen, diese Geschichten seien erfunden. Doch Heinrich Schliemann, ein Kaufmann aus Mecklenburg, war überzeugt, dass in den spannenden Sagen ein wahrer Kern stecken musste. Er ließ Ausgrabungen in Hisarlik, einem Ort an der türkischen Mittelmeerküste, vornehmen und konnte 1873 bekannt geben, dass es die Stadt Troja wirklich gegeben hat.

In der Antike wachte die Burgstadt Troja über die Meeresenge der Dardanellen. Wenn Kaufleute mit ihren Schiffen zu den reichen Ländern am Schwarzen Meer wollten, dann nutzten sie diese Handelsroute. Im Hafen von Troja warteten sie auf günstige Winde und bezahlten Zoll für Lotsendienste.

Die Ägäischen Inseln und die kleinasiatische Küste gehörten zu den Handelsgebieten der Griechen. Daher spielten beim Trojanischen Krieg um 1250 vor Christus wahrscheinlich wirtschaftliche Interessen eine Rolle.

An der Ausgrabungsstätte von Troja arbeiten Archäologen bis heute, denn an diesem wichtigen Marktplatz begegneten sich unterschiedliche Kulturen und fanden mehrfach kriegerische Auseinandersetzungen statt. Ob die Geschichten des Dichters Homer wahr sind, wissen wir allerdings bis heute nicht.

Der so genannte Heilige Platz im antiken Troja

1. Schlage im Atlas nach, wo sich Troja, die Dardanellen, das Schwarze Meer und die Ägäischen Inseln befinden.

2. Lies jetzt auf der folgenden Seite, wie der Kampf um Troja in der Sage weitergeht.

1 Achte beim Lesen der Sage darauf, warum das hölzerne Pferd erfunden und wie es gebaut wurde.

Nach Gustav Schwab

Das hölzerne Pferd

Zehn Jahre lagen die Griechen nun schon vor Troja, doch immer noch war kein Ende des furchtbaren Krieges abzusehen. [...] Inzwischen mussten die Belagerten auch den Paris betrauern, den Urheber all des Unheils, das Griechen und Trojaner im Kampf um die Stadt erlitten hatten. Von einem Giftpfeil des Philoktetes getroffen, fand Paris den Tod in der Schlacht. [...]

Unaufhörlich wogte der Streit hin und her. Erfolg und Misserfolg, Sieg und Niederlage verteilten die Götter auf beiden Seiten. Vergeblich versuchten die Griechen, eine Entscheidung zu erzwingen. Aineias, der strahlende Held, war der stärkste Rückhalt der Trojaner.

Da rief Kalchas, der Seher, die vornehmsten Helden des griechischen Heeres zusammen. »Lasst ab von dem Versuch, die Stadt mit Gewalt zu nehmen«, redete er zu ihnen, »denn so werdet ihr nie zum Ziel kommen! Besinnt euch lieber auf eine List, die euch den Erfolg bringen mag!« Zur Bekräftigung seiner Worte erzählte er ihnen von einem Traum, in dem er einen Habicht eine Taube verfolgen sah. Als das Tierchen in einem Felsspalt sicheren Schutz fand, verbarg sich der Raubvogel im nahen Gebüsch, bis das törichte Täubchen herausschlüpfte. Mit leichter Mühe packte er es nun und würgte es ohne Erbarmen. »Lasst uns diesen Vogel zum Vorbild nehmen«, schloss Kalchas, »lasst uns darauf sinnen, Troja nicht mit Gewalt zu erobern, sondern es einmal mit List zu versuchen!«

Keinem der Helden aber wollte ein Mittel einfallen, wie man dem Krieg mit einer List ein Ende setzen könne. Schließlich hatte der schlaue Odysseus den erlösenden Einfall: »Lasst uns ein riesengroßes Pferd zimmern, in dessen Leib sich unsere edelsten Helden verbergen sollen. Durch einen scheinbaren Abzug unseres Heeres werden die Troer sich aus der Stadt herauslocken lassen.« Der erfindungsreiche Held hatte seinen Plan bis in alle Einzelheiten zu Ende gedacht. Ein mutiger Mann, den keiner der Feinde kannte, solle zurückbleiben, sich als Flüchtling ausgeben und den Troern das Lügenmärchen vortragen, er sei vor der frevelhaften Gewalt der Achaier[1] geflohen, die ihn für ihre glückliche Rückkehr den Göttern als Opfer hätten schlachten wollen. Und habe er das Misstrauen der Troer überwunden, so solle er sie veranlassen, das hölzerne Pferd in die Mauern ihrer Stadt zu ziehen.

Als Odysseus ausgeredet hatte, lobten alle seinen erfindungsreichen Geist. »Du hast meine Worte richtig verstanden!«, rief Kalchas anerkennend. Zugleich beobachtete er auch günstige Vorzeichen und zustimmende Donnerschläge des Zeus[2]. »Geht sofort ans Werk, ihr Freunde!«, rief er drängend.

Der kunstfertige Epeos übernahm die Leitung. Ihm war Pallas Athene[3] im Traum erschienen. Sie trug ihm auf, das mächtige Ross aus Balken zu zimmern, und versprach ihm ihren Beistand. Eiligst schickten die Atriden[4] in die waldreichen Täler des Idagebirges und ließen die stärksten Fichten fällen. Epeos zimmerte zuerst die Füße des Pferdes, dann den Bauch, fügte darüber den gewölbten Rücken, die Weichen und zuletzt den Hals mit dem mächtigen Kopf. Schweif und Haare, Ohren und Augen, nichts fehlte. Nur drei Tage hatte die Arbeit gedauert. Staunend stand das ganze Heer vor der Schöpfung des Künstlers.

»Jetzt gilt es, ihr Führer des Danaervolkes[5]!«, rief Odysseus. »Mehr Mut gehört dazu, in dieses Versteck zu kriechen, als dem Tod in offener Feld-

1 griechischer Stamm
2 in der griechischen Mythologie oberster Gott
3 Schutzgöttin und Namensgeberin der Stadt Athen
4 Bezeichnung für Agamemnon, Menelaos und ihre Nachkommen
5 andere Bezeichnung für Griechen

schlacht zu trotzen! Darum, wer sich zu den Tapfersten zählt, der entscheide sich für dieses Wagnis! Die anderen mögen vorerst zum Schein abfahren und sich außer Sichtweite halten. Ein mutiger Jüngling aber soll zurückbleiben, wie ich geraten habe.«

Sinon hieß der Waffengefährte, der dazu bereit war. Dreißig Helden aber, voran Neoptolemos, dann Menelaos, Diomedes, Odysseus und viele andere berühmte Kämpfer, stiegen in voller Waffenrüstung in den geräumigen Leib des Riesentieres. Zuletzt stieg Epeos, der das Wunderpferd gebaut hatte, hinein, zog die Leiter ein und schloss von innen die Riegel.

Die anderen Griechen aber steckten die Zelte und alles Lagergerät in Brand. Unter Agamemnons und Nestors Führung brachen sie mit den Schiffen auf und verließen die Küste. Mit ungläubigem Staunen hatten die Trojaner von der Mauer aus alle Vorbereitungen für die Abfahrt beobachtet. Wirklich, der Feind, der sie zehn Jahre lang bedroht hatte, war plötzlich verschwunden!

2 Leiht euch die Sage in der Bibliothek aus und findet heraus, wie sie endet.

3 Stelle dir vor, Odysseus erzählt nach seiner Heimkehr seinem Sohn, wie er auf die Idee mit dem hölzernen Pferd gekommen war und was daraus wurde. Schreibe seine Geschichte auf.

Helden und ihre Handlungsmotive verstehen

Viele Sagen erzählen von Helden und ihren Taten. Manche Sagen werden schon seit Jahrtausenden erzählt, denn die Helden von früher faszinieren uns noch immer. Nutze die folgenden fünf Fragen, um Helden und ihre Motive (die Gründe für ihr Handeln) bewerten zu können.

1 Wähle einen Helden dieses Kapitels aus und verfasse einen Steckbrief für ihn.

	Odysseus
1. Welche Eigenschaften hat der Held? (schlau, mutig, draufgängerisch, nachdenklich)	klug, listig, aber auch mutig
2. Welche Aufgabe muss er lösen? (Kampf mit einem Drachen, Befreiung einer Prinzessin, Begegnung mit realen Gefahren)	Sieg im Trojanischen Krieg
3. Wie erfährt der Held von der Aufgabe? (Auftrag von einem anderen, zufällig, er stellt sich die Aufgabe selbst)	Aufforderung vom Seher Kalchas an griechische Heerführer
4. Wie löst er die Aufgabe? (Einsatz von Kraft, List, Hilfe von Göttern)	durch List, nicht durch Gewalt
5. Warum vollbringt der Held seine Tat? (Ruhm vergrößern, Menschen helfen)	Sieg für die Griechen, Ende des Krieges

2 Vergleicht eure Helden und den Grund ihres Handelns miteinander.

3 Tauscht euch darüber aus, was ihr von einem Helden oder einer Heldin erwartet.

Der griechische Halbgott Herakles und sein Bruder Iolaos haben sich auf Reisen begeben, um Abenteuer zu erleben. Dabei gelangen sie auch in den Kaukasus.

1 Prometheus wird vom Göttervater Zeus bestraft. Finde beim Lesen heraus, wofür er bestraft wird und welche Strafe er verbüßt.

Hannes Hüttner

Herakles befreit Prometheus

Als sie an einem Morgen Wasser im bronzenen Kessel wärmten, schwebte hoch in der Luft ein Adler vorüber, ein so riesiges Tier, dass es einer Wolke glich und die Sonne verdunkelte. Der Vogel verschwand hinter einem Felsen. Gleich darauf hörten sie aus der Höhe einen Schrei, der ihnen allen Mut benahm und den Atem stocken ließ. Dem grausen Laut folgte wenig später ein Stöhnen, das unmenschliche Qual verriet. Umständlich, als wollten sie eine Entscheidung hinauszögern, standen sie auf und suchten zusammen, was ihr Reisebündel ausmachte. Und als Herakles noch immer zögerte, schritt Iolaos als Erster bergan. Der Bruder holte ihn ein und legte ihm den Arm auf die Schulter. Sie verstanden sich ohne Worte.

Das Stöhnen, das nach immer längeren Pausen erscholl, wies ihnen den Weg. Über Geröllhänge und mit wildem Rhododendron bedeckte Matten kletterten sie höher. Dann gerieten sie in rissigen Fels und mussten abbröckelnde Gletscherzungen queren. Endlich, nach einem Tag und einer Nacht, gelangten sie an eine Felswand, die mehrere hundert Meter emporragte. Ganz oben an dieser Wand hing im roten Glanz der Sonne eine menschliche Gestalt. Ihre Hände und Füße waren an den Fels geschmiedet.

»Ich habe es gefürchtet und gehofft, es möge nicht zutreffen«, sagte Iolaos. »Das ist Prometheus!«

Herakles wusste, was dem Bruder durch den Sinn ging. Zeus selbst hatte über Prometheus einen grässlichen Fluch gesprochen: Ein Adler riss ihm Tag für Tag die Leber aus dem Leib. Die Wunde verheilte im Laufe von vierundzwanzig Stunden – dann kam der rächende Vogel erneut. Qual ohne Ende. Dies sollte die Strafe dafür sein, dass Prometheus den Menschen das Feuer gegeben hatte.

Niemand durfte Prometheus helfen; der Zorn des obersten Gottes würde den treffen, der sich gegen den Spruch verging. Auf ewig sollte Prometheus an den Kaukasus geschmiedet bleiben. Sie starrten noch auf die Gestalt, die aus der großen Entfernung winzig erschien, als ein Schatten über sie fiel. Der Adler schwebte heran, so wie er es seit Jahrhunderten getan hatte. [...]

Prometheus sah dem schwarzen Ungetüm mit aufgerissenen Augen entgegen. Hier kam seine tägliche Qual – wieder würde ihm die Leber aus dem Leib gerissen werden, wieder würde sie nachwachsen, ein Leben ohne Hoffnung, Tag um Tag, Jahrhundert um Jahrhundert. Und nur diese Genugtuung: Die Menschen besitzen das Feuer ebenso wie Zeus. Aber auch Zweifel mischten sich drein: Machten sie wohl den rechten Gebrauch davon?

Herakles wusste, dass er sich nicht gegen den himmlischen Vater auflehnen durfte, aber er handelte ohne langes Besinnen: Außer sich vor Zorn, zog er den Pfeil aus dem Köcher, legte ihn vor die Sehne und ließ ihn sausen. Prometheus sah nicht den Pfeil. Er sah nur, dass Federn stoben und die Schwingen des Riesenvogels zusammenschlugen; dann stürzte das Tier steil in die Tiefe und wurde zerschmettert. Iolaos stand wie gelähmt. Gleich musste ein Blitz herniederfahren und sie beide verbrennen. Er wartete mit eingezogenem Kopf. Es geschah nichts.

Auch Herakles hatte gezögert. »Los!«, sagte er jetzt. Er verschwand im Geklüft. Iolaos verharrte zweifelnd eine Weile, dann stieg er hinterdrein. Hatten sie es begonnen, so mussten sie es wohl auch zu Ende bringen. Der Gedanke, Herakles im Stich zu lassen, damit er, Iolaos, vor Zeus schuldlos bleibe, kam ihm nicht. Doch ängstete er sich und wusste nicht, ob sie die Sonne des nächsten Tages schauen würden.

Erst als sie schweißüberströmt oben anlangten, die Tat zu vollbringen, damit sie ihren Sinn bekäme, dachte Iolaos nicht mehr an sie beide, sondern an den Gefesselten da, der im Stein hing. Unaussprechliche Qual hatte dessen Gesicht zerfurcht.

Als Herakles mit seinem Schwert die in den Fels getriebenen eisernen Fesseln zu sprengen versuchte, schlug Prometheus die Augen auf. [...]

»Wer bist du?«, fragte er.

»Ich bin Herakles«, sagte der Grieche. »Und das ist Iolaos!«

»Du frevelst, Herakles!«, sagte Prometheus.

»Wie du siehst!«, sprach der Zeussohn. [...] Mühselig schlug er Prometheus aus dem Fels. Er mochte dabei nicht reden, denn noch immer hockte tief im Innern die Angst. Reden brächte sie vielleicht zu Tage.

Prometheus sah diese beiden an, zwei aus dem Menschengeschlecht, das er einst geschaffen hatte; jetzt befreiten sie ihn. Er schloss die Augen und dachte: Nichts war umsonst. Wie es auch ausgeht. Dann öffnete er sie wieder. Ein Seil schlang sich um seine Brust und sicherte ihn vorm Absturz; nur ein Arm noch war gefesselt. Da sah er Iolaos ein Stück der eisernen Fessel zu einem Ring hämmern und an diesem Ring ein Stück des felsigen Gesteins. Den seltsamen Reif schob Iolaos dem Titanen auf den vierten Finger der rechten Hand, gerade als Herakles die letzte Kette zerschlagen hatte. Prometheus blickte den Griechen fragend an.

Der schämte sich seiner List und war doch stolz auf den Einfall.

»Der Ring ist eine Fessel«, erklärte er, »der Stein daran ein Stück vom Kaukasus. Noch immer bist du an das Gebirge geschmiedet. Wir haben Zeus' Urteil nicht verletzt!«

Prometheus betrachtete den schlauen jungen Mann und begann zu lachen. Das Gelächter kam stoßweise, das Zwerchfell schmerzte: Er hatte viele tausend Jahre nicht mehr gelacht. [...]

2 Erzähle mit eigenen Worten nach, wie Herakles Prometheus befreit.

3 Erkläre, worin die List des Iolaos besteht.

4 Vergleicht die Helden Herakles, Iolaos und Prometheus miteinander. Erstellt für jeden einen Steckbrief.

Gretel und Wolfgang Hecht

Die Heldentaten des jungen Siegfried

In Xanten am Niederrhein herrschten vor Zeiten König Siegmund und Königin Siegelind. Sie hatten einen Sohn, Siegfried geheißen. Überall im Lande erzählte man von dem starken und schönen Königssohn aus Xanten, denn schon in jungen Jahren vollbrachte er manche Heldentaten.

Eines Tages kam Siegfried zu einem Schmied, der Mime hieß und tief im Walde seine Werkstatt hatte. Eine Weile sah er zu, wie Meister Mime und seine Gesellen am Amboss standen und mit ihren schweren Hämmern auf das glühende Eisen schlugen, dass die Funken stoben, und dann sprach er zu Mime: »Ich möchte auch das Schmiedehandwerk erlernen. Wollt Ihr es mich lehren, will ich gern bei Euch bleiben.«

Als Mime sah, dass Siegfried stark und groß gewachsen war, stimmte er zu und nahm ihn auf unter seine Schmiedeknechte. Am nächsten Morgen brachte er seinen neuen Lehrburschen mit in die Werkstatt, um zu sehen, wie er sich bei der Arbeit anstellte. Er holte eine große Eisenstange und legte sie ins Feuer. Dann gab er Siegfried den schwersten Schmiedehammer in die Hand, nahm das glühende Eisen aus dem Feuer, legte es auf den Amboss und hieß Siegfried draufschlagen. Da schwang Siegfried den Hammer, und gleich sein erster Schlag war so gewaltig, dass er den Amboss tief in die Erde trieb und das Eisen samt der Zange, die Mime in beiden Händen hielt, wie morsches Holz zerbrachen.

Die Schmiedegesellen machten große Augen und Mime sprach: »Noch nie sah ich einen Menschen so gewaltig zuschlagen. Zum Schmiedehandwerk wirst du nie taugen.«

Siegfried jedoch bat, es noch einmal mit ihm zu versuchen, sodass Mime schließlich nachgab und Siegfried behielt. Bald aber bereute er, dass er Siegfried nicht doch weggeschickt hatte, denn der fing mit allen Schmiedegesellen Streit an und keiner wollte mehr mit ihm arbeiten. Sie beschwerten sich bei Mime und drohten, die Schmiede zu verlassen, wenn Siegfried noch länger bliebe.

Da beschloss Mime, Siegfried umzubringen, und er dachte bei sich: »Ich will Siegfried zum Kohlenbrennen in den Wald schicken und ihm einen Weg zeigen, der zum Drachenpfuhl führt, wo der Lindwurm haust. Dann wird er bestimmt niemals wieder hierher zurückkehren.«

Siegfried ahnte nichts Böses, als Mime ihm den Auftrag gab, in den Wald zu gehen und Kohlen zu brennen. Er zog los und kam bald zu dem Weg, den Mime ihm beschrieben hatte. Da begann er, Bäume umzuhauen, trug sie auf einen großen Haufen und zündete ein Feuer an, um Holzkohle zu brennen. Als er sich jedoch auf einen Baumstumpf gesetzt hatte, um von der Arbeit auszuruhen, wälzte sich der Lindwurm heran, ein riesiges Ungeheuer mit einem Rachen, so groß, dass es einen Menschen mit Haut und Haar verschlingen konnte. Siegfried sah das Ungetüm, das schon gierig nach ihm schnappte, sprang auf, riss einen Baum aus dem Feuer und schlug mit aller Kraft auf den Drachen los. Schlag auf Schlag versetzte er ihm, bis das Untier tot war und das Blut in einem dicken Strahl herausschoss. Siegfried steckte den Finger in das dampfende Drachenblut, und siehe da, der Finger war von einer festen Hornhaut überzogen, dass kein Schwert ihn ritzen konnte. Da warf Siegfried rasch seine Kleider ab und bestrich sich von oben bis unten mit dem Drachenblut, sodass seine Haut hörnern wurde bis auf eine kleine Stelle am Rücken zwischen den Schultern, wo ein Lindenblatt hingefallen war. Dann legte er seine Kleider wieder an und machte sich auf den Weg nach Hause zur väterlichen Burg.

1 Was erfährst du bis hierher über Siegfried? Erstelle einen Steckbrief.

2 Erkläre, was das Bad im Drachenblut für Siegfried bedeutet.

Lange aber hielt es ihn dort nicht, immer wieder zog er hinaus, um Abenteuer zu suchen. Einmal ritt er durch einen dunklen Wald und kam an einen Berg. Da sah er, wie Männer einen riesigen Schatz aus dem Berge holten. Noch nie hatte er so viel Gold und Edelsteine gesehen, wohl hundert Wagen hätten nicht ausgereicht, die Fülle zu tragen. Es war der Hort der Nibelungen, den die Könige Nibelung und Schilbung unter sich aufteilen wollten.

Als Siegfried näher geritten kam, erkannten ihn die Könige. Sie grüßten ihn freundlich und baten ihn, den Hort unter ihnen zu teilen, denn sie könnten sich nicht einigen. Zum Lohn wollten sie ihm das Schwert Balmung schenken. Für solchen Preis war Siegfried gern bereit, den Wunsch der Könige zu erfüllen. Man reichte ihm das Schwert, und Siegfried begann, alles Gold aufzuteilen. Aber er konnte es den beiden Königen nicht recht machen, jeder glaubte, bei der Teilung zu kurz gekommen zu sein. Gemeinsam mit ihren Recken fielen sie über Siegfried her. Doch sie waren ihm nicht gewachsen, er erschlug sie alle mit dem Schwerte Balmung.

Das sah Alberich, der zauberkundige Zwerg. Um den Tod der Könige zu rächen, hängte er seine Tarnkappe um, die ihn unsichtbar machte und ihm zugleich die Stärke von zwölf Männern gab, und griff Siegfried an. Der wehrte sich aus Leibeskräften und mühte sich lange vergeblich, den Unsichtbaren zu packen. Endlich aber gelang es ihm doch, Alberich die Tarnkappe abzureißen und ihn zu überwinden.

So hatte Siegfried alle, die gegen ihn zu kämpfen gewagt hatten, erschlagen oder besiegt, und nun war er der Herr über das Nibelungenland und den Nibelungenhort. Er befahl, den Schatz wieder in den Berg zurückzubringen, und nachdem Alberich Treue geschworen hatte, setzte Siegfried ihn zum Hüter über den Hort.

3 Ergänze deinen Steckbrief für Siegfried.

4 Tauscht euch darüber aus, welche Art Held Siegfried ist. Begründet eure Einschätzung.

5 Schreibe auf, was Siegfried einem Freund über seine Abenteuer erzählen könnte.

Fachübergreifendes

Wer war Merlin?

Als die Menschen noch an Zauberkräfte glaubten, war Magie geachtet und gefürchtet. Auch die Kelten, die auf den irischen und englischen Inseln lebten, glaubten daran, dass ein Zauberer die Naturgewalten beeinflussen kann.

Merlin ist eine Sagengestalt, die in England gelebt haben soll. Er spielt in den Geschichten um König Artus eine wichtige Rolle und gehörte als Berater zur berühmten Tafelrunde der Gralsritter.

Um Merlin ranken sich viele Geschichten. Als zum Beispiel der Bau der Festung *Castel Gwrtheyrn* nicht gelang, gab er den Rat, den See unter der Festung trockenzulegen. Daraufhin wachten die schlafenden Drachen auf und kämpften gegeneinander, bis einer siegte.

Merlin soll mithilfe seiner Zauberkräfte auch einen Steinkreis (Stonehenge) von Irland nach England verlegt haben. Wie eine Sonnenuhr ist dieser nach den Jahreszeiten ausgerichtet. Am 21. Juni, dem Tag der Sommersonnenwende, geht genau hinter dem Fersenstein die Sonne auf.

Noch heute tritt Merlin in Geschichten auf: Zum Beispiel hat der amerikanische Jugendbuchautor T. A. Barron eine Buchreihe über seine Jugend geschrieben.

Stonehenge

1. Welche Geschichten über Merlin kennst du?

2. Suche aus dem Lexikon oder dem Internet heraus, was die Sage über König Artus erzählt.

Im zweiten Band der Romanserie über den jungen Zauberer Merlin muss dieser sieben Aufgaben lösen, um die Geheimnisse der sieben Weisheiten zu erlangen. Dafür sind keine Heldentaten notwendig. Stattdessen muss Merlin lernen, bescheiden und einsichtig, verständnisvoll und mitfühlend zu sein. Der sechste Schritt zur Weisheit heißt »Schritt des Erledigens« und führt ihn mit seiner Freundin Rhia und dem Spaßmacher Bumbelwy in eine Drachenhöhle.

1 Notiere dir, was du über den Drachen erfährst.

T. A. Barron

Merlin und die sieben Schritte zur Weisheit

Plötzlich blieb ich stehen. Dort, teils von Schatten verhüllt, lag der Drache. Er war noch größer, als ich gefürchtet hatte, so riesig wie ein Berghang. [...] Sein Kopf lag über dem linken Vorderbein, aus den Nüstern quoll Rauch. Unter seiner Nase war eine Schuppenreihe vom Rauch so geschwärzt, dass sie einem enormen Schnurrbart ähnelte. Bei jedem Einatmen entblößte der Drache Reihen spitzer Zähne; bei jedem Ausatmen spannten sich die mächtigen Schultermuskeln und schüttelten die großen Flügel, die auf seinem Rücken gefaltet waren. Klauen, scharf wie das Schwert an meinem Gürtel, aber zehnmal so lang, glänzten im Frühmorgenlicht. Mitten auf einer Kralle saß wie ein übergroßer Ring ein Totenkopf [...].

Unter dem geschuppten Drachenleib funkelten und glitzerten Schätze. Kronen und Halsketten, Schwerter und Schilde, Trompeten und Flöten – alle aus Gold oder Silber gemacht, alle mit Edelsteinen besetzt. Rubine, Amethyste, Jade, Smaragde, Saphire und riesige Perlen waren überall verstreut. Nie hatte ich mir vorgestellt, dass so viele Kostbarkeiten an einem Ort existieren könnten. Doch ich verspürte nicht den geringsten Wunsch, sie zu durchsuchen, denn überall dazwischen lagen Totenköpfe in allen Größen und Formen, manche weiß schimmernd, andere vom Feuer versengt. [...]

Vorsichtig, einen Schritt nach dem andern, schlich ich auf den Steinen vorwärts. Der Drache ragte über mir, jede seiner Schuppen war so groß wie ich. Schweiß brannte mir in den Augen. *Wenn ich nur einen Schlag führen kann, wohin soll ich dann zielen?* Diese gepanzerten Schuppen bedeckten Brust, Beine, Rücken, Schwanz, sogar die orangen Ohren. Vielleicht konnte ich ihn erledigen, wenn ich ihm das Schwert in ein geschlossenes Auge stieß.

Immer näher kroch ich heran. Die rauchige Luft reizte mich zum Husten, aber ich widerstand mit aller Kraft. Meine Hand umklammerte den Griff meines Schwerts.

Plötzlich holte der Schwanz aus wie eine ungeheure Peitsche. Ich hatte keine Zeit mehr, mich zu rühren, geschweige denn wegzulaufen. Als der Schwanz sich zu seiner ganzen Länge streckte, rollte sich ein Stachel an seiner Spitze fest um meine Brust und drückte mir die Luft aus den Lungen. Im gleichen Moment wand sich der andere Stachel um meinen Arm mit dem Schwert und hinderte mich an jeder Bewegung.

Ich war völlig hilflos.

Rhia stieß einen gedämpften Schrei aus. Ich spürte, wie der Drache wieder die Muskeln spannte und mich dabei noch fester drückte. Aber die gelben Augenschlitze öffneten sich nicht weiter. Er schien immer noch zu schlafen oder halb zu schlafen. Und nach seinem Gesichtsausdruck zu urteilen, genoss er einen ganz realistischen Traum vom Verzehr eines Jungen mit einem Schwert. […]

Bumbelwy kniete sich unbeholfen daneben. Sein Kopf hing tief über die schlaffen Kinne. Dann fing er unvermittelt an zu singen. Es war, wie ich bald erkannte, ein Trauerlied, in tiefen, klagenden Tönen vorgetragen. Noch mehr als im Griff des Drachen krümmte ich mich bei seinen Worten:

Am liebsten von allem, was er frisst,
Mag ein Drache das, was lebendig ist.
Die vor dem Ende noch zappeln und fluchen,
Liebt er wie andere Honigkuchen.

O Drache, jetzt ist es mein Freund, den du frisst!
Dir schmeckt er, von mir wird er schmerzlich vermisst.

Zerbrechen die Knochen und knackt das Genick,
Ist das für den Drachen die schönste Musik,
Genau wie der Opfer Geschrei und Gestöhn,
Ehe sie in den Verdauungstrakt gehen.

O Drache, jetzt ist es mein Freund, den du frisst!
Dir schmeckt er, von mir wird er schmerzlich vermisst.

Dem Freund, dort im Drachenmaul eingesperrt,
Wurde das Abschiedswort gänzlich verwehrt.
Denn ehe er noch einmal aufgemuckt,
War er zur Gänze zerkaut und verschluckt.

O Drache, jetzt ist es mein Freund, den du frisst!
Dir schmeckt er, von mir wird er schmerzlich vermisst.

Noch bevor Bumbelwy geendet hatte, öffnete der Drache das Maul. Ich sah entsetzt die zerklüfteten, von Flammen geschwärzten Zahnreihen. Mit aller Kraft versuchte ich zu fliehen. Doch der Schwanz drückte nur noch fester zu. Inzwischen öffnete sich das Maul weiter.

Plötzlich kam aus den Tiefen hinter den offenen Kiefern ein kratziger, heiserer Laut, der nur eins bedeuten konnte. Lachen. Ein tiefes, rülpsendes, herzhaftes Lachen. Auch eine geblähte Rauchwolke stieg auf und schwärzte die Luft. Das Lachen hielt an, es rollte durch die schlangenförmige Gestalt des Drachen, schüttelte zuerst seinen Kopf, dann den Hals, dann den riesigen Bauch und schließlich den Schwanz. Es dauerte nicht lange, da bebte das ganze Ungeheuer in rauem Gelächter und schwankte auf seinem Schatz hin und her.

Der Schwanz gab mich frei. Ich fiel auf den Boden, atemlos, betäubt, aber lebendig. Schnell kroch ich durch die schwarze Wolke und zog dabei mein Schwert hinter mir her. Im nächsten Moment lief Rhia zu mir und half mir auf die Füße.

Hustend vom Rauch stolperten wir aus der Höhle. Hinter uns ließ das Gelächter des Drachen nach. Innerhalb von Sekunden schnarchte er wieder dröhnend.

2 Erkläre, warum Merlin dem sicheren Tod entgeht.

3 Achte beim nächsten Abschnitt darauf, wie Merlin die sechste Aufgabe, den Schritt des Erledigens, erfüllt.

Mit geschwellter Brust stand Bumbelwy vor mir. »Wenn du in diesen verrauchten Ofen zurückkehrst, um das Ungeheuer zu erschlagen, dann gehe ich mit.«

»Und ich auch«, erklärte Rhia.

Ich schaute einen Augenblick in ihre treuen Gesichter, dann schob ich mein Schwert zurück in die Scheide. »Das müsst ihr nicht.« Ich beugte mich auf dem versengten Stein vor. »Ich werde den Drachen nicht erschlagen.«

Beide starrten mich an. Rhia hob den Stock und fragte: »Aber du musst es machen, oder? Wie kannst du sonst das Erledigen lernen?«

Ich griff nach dem knorrigen Tannenstock und drehte ihn langsam in der Hand. »Ich glaube, dass ich es vielleicht schon gelernt habe.«

»Was?«

Ich betastete den Griff und schaute zu der Höhle im Schatten. »Etwas ist mit mir geschehen, als der Drache lachte.«

»Stimmt«, sagte Bumbelwy. »Du hast dich von seinem Schwanz befreit.«

»Nein, ich meine etwas anderes. Habt ihr gehört, wie befreit und herzhaft dieses Lachen war? Es gab mir das Gefühl, nun, dass der Drache nicht völlig böse sein kann, so hinterhältig und blutrünstig er auch ist. Sonst … hätte er nicht so lachen können.«

Bumbelwy schaute mich an, als hätte ich den Verstand verloren. »Ich wette, dieser Drache hat jedes Mal gelacht, wenn er ein Dorf zerstörte.«

Ich nickte. »Vielleicht. Aber etwas an seinem Lachen hat mich irgendwie überzeugt, dass er nicht so anders ist als du und ich. Dass er einen Wert hat. Selbst wenn wir ihn nicht verstehen.«

Rhia lächelte fast.

Aber Bumbelwy runzelte die Stirn. »Ich verstehe nicht, was das mit dem Erledigen zu tun hat.« […]

»Es geht darum: Manchmal ist es nötig, einen Feind zu erledigen. Aber das kostet immer einen Preis. Vielleicht zahlt ihn dein Körper. Oder deine Seele. Aber der Preis muss immer gezahlt werden. Denn *jedes Lebewesen ist irgendwie kostbar.*«

Mein Stock sprühte blaue Funken. Wo zuvor nacktes Holz gewesen war, zeigte sich jetzt das Bild eines Drachenschwanzes.

»Der sechste Schritt ist getan!«, rief Rhia. »Jetzt hast du nur noch einen vor dir, den Schritt des Sehens.«

4 Erkläre mit eigenen Worten, warum Merlin den Drachen nicht tötet.

5 Überlegt, welche Rolle Merlins Freunde bei der Lösung der Aufgabe spielen.

6 Leiht euch das Buch in der Bibliothek aus und lest nach, wie Merlin die letzte Aufgabe, den Schritt des Sehens, erfüllt.

Diese Geschichte spielt vor ungefähr 70 Jahren in einem Ort an der kroatischen Adriaküste. Sie handelt von Kindern, die kein Zuhause haben und ums Überleben kämpfen müssen. Der zwölfjährige Branko ist vom Gendarmen Begovic in eine Zelle gesperrt worden, weil er auf dem Markt heimlich einen heruntergefallenen Fisch aufgehoben hat. Ein geheimnisvolles Mädchen versucht, Branko zu befreien.

1 Wie wird Branko befreit? Notiere die einzelnen Schritte.

Kurt Held

Die rote Zora und ihre Bande

Da hörte er das Kratzen am Fenster wieder. Aber es war nicht das Mädchen, das auftauchte, sondern eine Stange. Jemand schob sie durch das Kreuz herein, bis sie zwischen Kreuz und Decke festsaß. Eine Minute später saß auch das Mädchen auf dem Fenstersims.

»Da bin ich wieder«, sagte sie, zeigte ihre Zähne und lachte. »Ich habe eine Stange mitgebracht. Pass auf. Ich schiebe sie zu dir hinein.« Sie hob sie etwas, und die Stange senkte sich nach unten.

»Geh auf die Seite«, zischte sie noch. Branko sprang eilig an die Wand, da stieß sie bereits unten auf.

»Nun musst du sie an das Fenster stellen«, unterwies ihn das Mädchen weiter. »Ich halte sie, und dann kletterst du an ihr herauf.«

Branko packte das dicke Holz fest zwischen Arme und Beine und zog sich daran in die Höhe. »Pass auf!« Sie reichte ihm eine Hand. Ihre Finger schlossen sich um die seinen. Noch einen Ruck, und er war oben.

Sie saßen nun dicht nebeneinander. Branko sah, dass das Mädchen einen schmalen Mund, kleine Ohren und helle, gelbe Augen hatte. Wie Bernstein glänzten sie, und die Sommersprossen saßen tatsächlich überall, sogar auf der spitzen, kühnen Nase.

»Wer bist du eigentlich?«, fragte er.

»Das erzähle ich dir später«, antwortete das Mädchen. »Jetzt musst du erst noch durch das Gitter kommen.« [...] Es war kalt und saß fest. Er versuchte, daran zu rütteln. »Ich glaube, das bringen wir nicht heraus.«

Sie lachte. »Schafskopf«, tadelte sie ihn. »Das glaube ich auch. Du musst durchkriechen.« [...]

Branko schob den Kopf weiter vor, aber er blieb mit den Schultern stecken. »Ich bin zu dick«, seufzte er und wollte sich schon wieder nach unten fallen lassen.

»Nimm den Kopf wieder hinein«, kommandierte sie, »und versuch es zuerst mit der linken Hand. So«, sie half ihm. »Nun den Kopf nach. Dann die Schulter.« Sie versuchte, ihn herauszuziehen.

»Ich bin wirklich zu dick.«

»Du bist ja schon halb draußen. Komm, probier es noch einmal.«

Er schob und stieß sich weiter und wollte schon wieder sagen, es gehe nicht, da hörte er, wie es von allen Kirchen zwölf schlug und gleichzeitig auch, dass jemand den Gang entlangkam.

»Oh«, jammerte er, »ich glaube, Begovic kommt«, und stemmte und presste sich noch fester.

»Lass ihn nur kommen«, tröstete ihn das Mädchen. »Jetzt musst du nur noch etwas den Bauch einziehen, und bis er die Tür aufgesperrt hat, bist du draußen.«

Er hing tatsächlich schon halb aus dem Fenster, aber er hatte keinen Halt mehr.

»Lass dich einfach fallen«, sagte sie. »Ich halte dich.« [...]

Branko sprang. In diesem Augenblick hatte Begovic die Tür geöffnet und trat in die Zelle.

»Hier«, sagte er und wollte Branko das Essen reichen. Da sah er den Pfahl und den leeren Raum.

»Verdammt«, jammerte er, »der Kerl ist ausgerissen, und gleich kommt der Bürgermeister, um sich ihn anzusehen.«

Da blickte er nach oben.

Branko war verschwunden, aber Zora saß noch auf dem Fenster. [...]

»Auf Wiedersehen, Begovic!«, rief sie.

Begovic ließ entsetzt die Schüssel mit dem Essen fallen, riss die Augen auf und starrte zu dem Mädchen hinauf.

»Bin ich betrunken«, stotterte er. »Ich habe doch einen Jungen eingesperrt, und jetzt reißt ein Mädchen aus.«

Das Mädchen schüttelte die Haare. »Ich bin auch ein Mädchen«, lachte sie, »und damit du weißt, wer ich bin: Ich bin die rote Zora.« [...]

Im Versteck der Bande hat Branko Gelegenheit, mehr über seine Retterin zu erfahren.

Zora hatte die Augen geschlossen, und er konnte sie unverwandt ansehen. [...] Das rote Haar war durch die Hände verdeckt, und die Sommersprossen waren im Schatten der Ranken kaum sichtbar. Sie sah jetzt nicht nur mädchenhaft, sondern geradezu schön aus. Warum hatte sie ihn wohl aus dem Gefängnis befreit und war dann mit ihm fast über alle Zäune und Mauern von Senj geklettert, um ihn zu retten?

Branko wurde traurig, während er darüber nachsann. Er sah wieder die Gesichter der Senjer Buben, die ihn beschimpft und einen Spitzbuben genannt hatten.

Alle hatten ihn verraten und verlassen, sogar seine Freunde, nur weil er einen Fisch aufgehoben hat, und ausgerechnet dieses fremde Mädchen, die alle die rote Zora nannten, hatte ihn gerettet.

Zora spürte, dass Branko sie ansah.

Plötzlich sagte sie, ihre Augen waren noch halb geschlossen: »Was starrst du mich so an?«

Branko sagte, was er dachte. »Warum hast du mich eigentlich gerettet?«, fragte er.

»Ich weiß es nicht.«

»Ich möchte es aber wissen.«

»Ich kann es dir nicht sagen.«

»Du hast mich doch vorher gar nicht gekannt?«

»Ich habe gesehen, dass du hungrig warst, und ich weiß, wie es ist, wenn man Hunger und nichts zu essen hat. [...]«

»Mir will einfach nicht in den Kopf, dass du das alles für mich getan hast«, antwortete Branko.

»Ach«, spottete sie, »man soll überhaupt nicht so lange über etwas nachdenken. Ich tue einfach immer, was ich muss.«

2 Schreibe einen Steckbrief für Zora. Entscheide dann, ob sie als Heldin bezeichnet werden kann.

3 Finde mehr über das Buch »Die rote Zora« und dessen Verfilmungen heraus.

Kapitel 7

Typisch Mädchen? Typisch Junge?

1 Schreibe deine Gedanken zu den Fotos auf.

2 Tragt zusammen, was für euch ein weibliches oder männliches Äußeres ist.

Erwin Grosche

Das Geheimarchiv der Klara Willemsen

Die Jungs an meiner Schule

Name: Peter Meier

Aussehen: Peter Meier sieht sehr gut aus, trotz seiner hängenden Schultern und dieser Brille mit den dicken Gläsern. Peter Meier sieht genau so aus, wie ich mir einen gut aussehenden Jungen vorstelle. Manchmal lacht er mich an und merkt es gar nicht. Ich glaube, er findet mich schön. Peter Meier trägt im Winter eine Pudelmütze und dazu gehört Mut, weil jeder die runde Bommel packt und laut »Hup! Hup!« ruft. Peter Meiers Vater ist Bäcker und Peters Pullover riecht wundervoll nach Brot. Peter hat einen Wollschal, der riecht nach Streuselkuchen, als wäre er direkt neben dem Backofen gestrickt worden. Es wäre schön, einen Freund zu haben, dessen Vater Bäcker ist. Schon wegen der Spekulatius vor Weihnachten.

Alter: Peter ist genauso alt wie ich.

Besonderheiten: Peter muss manchmal auf seine kleine Schwester aufpassen. Peter fährt dann mit dem Kinderwagen durch den Zoo und trifft dort, wie zufällig, mich. Leider ist Peter sehr schüchtern, obwohl er genauso kreischen kann wie ein Pfau. *Pa-O, Pa-O, Pa-O!*

Hobbys: Peter hat keine Hobbys. Ich hörte einmal, wie er mit seinem Brötchen sprach, aber das ist doch kein Hobby, oder?

Gesamteindruck: Peter Meier ist wundervoll. Schade, dass er nicht Trompete spielen kann, aber was soll's. *Ich* kann Trompete blasen, das muss reichen.

1. Was erfährst du aus dem Steckbrief über Peter Meier?

2. Lies nun auf der nächsten Seite, wie Peter seine Mitschülerin Klara beschreibt.

Das Geheimarchiv des Peter Meier

Ein Mädchen aus meiner Klasse

Name: Klara Willemsen

Aussehen: Klara sieht einfach wundervoll aus. Ich mag sogar ihre Zahnspange. Sie trägt am liebsten grüne Pullover, grüne Strümpfe, grüne Hosen. Ich vermute, dass Grün ihre Lieblingsfarbe ist. Zum Glück habe ich grüne Augen.

Alter: Sie ist fast genauso alt wie ich. Ich bin eine Stunde und sieben Minuten älter als sie. Ihre Eltern sind Fleischer und meine Eltern sind Bäcker. So kenne ich ihre Liebe zu Geburtstagskuchen, auf die jedes Jahr ihr genaues Erscheinungsdatum gespritzt ist. Sie ist am 21. 10. geboren, um 15:02 Uhr.

Besonderheiten: Ich treffe Klara immer im Zoo. Immer, wenn ich dort mit meiner kleinen Schwester spazieren gehe, ist sie dort. Klara muss im Elefantenhaus ein Zimmer haben, weil sie dort immer wie zufällig ist und den Elefanten beim Füttern zusieht.

Hobbys: Weil Klara so gerne grüne Stricksachen anzieht, glaube ich, dass sie gerne strickt, und zwar mit grüner Wolle. Ich will ihr zu Weihnachten eine grüne Pudelmütze schenken mit einer runden Bommel obendrauf, die man ganz fest drücken muss, um dazu laut »Hup hup!« rufen zu dürfen. Vielleicht schenke ich ihr auch einen Pfau. Sie mag es, wenn ich seinen Schrei nachahme und ganz laut *Pa-O, Pa-O!* krächze.

Gesamteindruck: Klara Willemsen ist einfach wundervoll. Schade, dass sie Trompete spielen kann, da werde ich oft mit Ohrenpfropfen rumrennen müssen. Zum Glück ist sie nicht so schüchtern wie ich. Ich hoffe, dass sie mir mal ihre Elefanten vorstellt.

3 Beide Steckbriefe geben auch Auskunft über denjenigen, der ihn verfasst hat. Was sagen Klaras und Peters Beschreibungen über sie selbst aus?

4 Zeichne ein Bild von Klara, so wie Peter sie beschreibt.

Mädchen sind anders – Jungs auch

Ich bin Kim. Heute habe ich mich mal wieder so richtig über meinen großen Bruder aufgeregt. Ich habe mich gerade in mein Lieblingsoutfit geworfen und mich auf einen richtig schönen Shopping-Nachmittag mit meiner Freundin vorbereitet. Da stellt er sich vor mich hin, begutachtet mich von oben bis unten und sagt: »Typisch Mädchen! Braucht 'ne Stunde, um sich für einen Stadtbummel mit der Freundin fertig zu machen!« Ich hasse es, wenn er mir erklärt, dass ich ein »typisches Mädchen« bin. Ich bin nicht typisch! Ich bin ich! Ich skate, spiele Volleyball, lerne gerne neue Leute kennen, habe einen Hamster, will noch ganz viel über andere Kulturen erfahren […], von Pfannkuchen kriege ich nie genug, […] mag keine Fremdenfeindlichkeit und irgendwann werde ich mal Pilotin. Was bitte ist daran jetzt »typisch«?! Geht dir das auch so, dass du dir andauernd anhören musst, dass irgendwas an dir »typisch« ist? Okay, ich gebe ja zu, dass mir das manchmal auch rausrutscht: »Typisch Eltern, typisch großer Bruder, typisch Oma, typisch Jungs!« Aber eigentlich meine ich das gar nicht so. Schließlich ist ja jeder und jede einzigartig. Trotzdem denke ich manchmal, wenn ich »typisch« sage: »Vielleicht ist da ja doch was dran!« Ich meine, wenn wir mal ganz ehrlich sind, hat ja jeder und jede, bestimmt auch du, irgendwas Typisches an sich. Und wir Mädchen und die Jungen sind nun mal nicht gleich! Vielleicht hat mein Bruder ja doch Recht und wir Mädchen sind manchmal »typisch«. Aber fest steht, dass Jungen auch manchmal »typisch« sind.

1. Beschreibe mit eigenen Worten, warum Kim von ihrem großen Bruder genervt ist.
2. Seid ihr selbst schon einmal als »typisch« bezeichnet worden? Berichtet darüber.
3. Was findet ihr an Eltern oder Geschwistern typisch? Erstellt dazu einen Cluster.

Ungleichheiten

Johanna hatte vor Kurzem eine spannende Diskussion im Redaktionsteam ihrer Schülerzeitung. [...] Werden Jungen und Mädchen gleichbehandelt oder gibt es Unterschiede? Da sie das Thema noch länger beschäftigt hat, hat sie sich zu ihrer Freundin Kim aufgemacht.

Johanna Du glaubst es nicht, Kim, das war echt krass. Wir haben uns am Schluss richtig angeschrien. Es ging nur noch hin und her. Mädchen sind benachteiligt – Jungs sind benachteiligt – niemand ist benachteiligt – jeder und jede muss selbst für sich gucken ...

Kim Das kann ich mir vorstellen. Ich habe da auch schon drüber nachgedacht. Ich komme ja mit meinen Jungs gut klar. Wir skaten zusammen und manchmal erkläre ich ihnen einen Sprung und dann sie mir einen.

Johanna Jetzt aber mal ehrlich. Ich kann mich noch gut an deine erste Zeit beim Skaten erinnern. Du hast damals gejammert, dass sie dich nicht mitmachen lassen, dich blöd anmaulen und dir erklären, dass Mädchen gefälligst Ballett tanzen sollen und nicht skaten.

Kim Klar war das damals so! Aber ich habe mich durchgesetzt. Und mittlerweile sind wir echt gute Kumpels.

Johanna Willst du also damit sagen, dass ich selbst schuld bin, wenn die Jungs mich nicht mitspielen lassen, und ich einfach härter sein muss, mich durchbeißen und einfach so lange verarschen lassen soll, bis die Jungs checken, dass ich eigentlich toll bin?

Kim Quatsch! Aber den Jungs geht es auch nicht immer nur gut. Wenn die mal nicht Fußball spielen wollen, sondern lieber tanzen, dann werden sie gleich komisch angeschaut.

Johanna Da hast du Recht. Und stell dir mal vor, was passieren würde, wenn ich meinen Eltern erklären würde, dass ich jetzt nur noch Hosen anziehe – nichts. Wenn mein Bruder von heute auf morgen nur noch Röcke anziehen würde – mein Vater bekäme einen Herzinfarkt.

1 Schreibe heraus, welche Ungleichheiten angesprochen werden.

2 Führt das Gespräch weiter. Nutzt eure eigenen Erfahrungen.

Was wäre, wenn ...

Auf die Frage »Was wäre, wenn du in der Haut des anderen Geschlechts stecktest?« gab es in Schüleraufsätzen einer 8. Klasse folgende Antworten:

Mädchen: Wenn ich ein Junge wäre, ...

- ... würde ich sehr unglücklich sein.
- ... wäre ich schlecht in der Schule.
- ... wäre mein Aussehen schrecklich.
- ... würde ich mich einmal die Woche waschen.
- ... würde ich ganz bestimmt nicht schüchtern sein.
- ... würde ich netter zu Mädchen sein.
- ... würde ich Kleinere unterstützen und auf sie aufpassen.
- ... würde ich am Wochenende machen, was ich will.
- ... würde ich in Action-Filme gehen, in denen viel Blut spritzt.

Jungen: Wenn ich ein Mädchen wäre, ...

- ... würde man von mir erwarten, dass ich Musik spiele oder lese. Ich hätte dann wahrscheinlich keine eigene Playstation. Ich würde später den Haushalt machen, dafür bekäme ich dann Klamotten und Schuhe.
- ... müsste ich mich dauernd schminken und Pferde lieben.
- ... würde ich mich erst einmal ganz lange bemitleiden, indem ich sehr viel weine.
- ... wäre ich schneller in der Pubertät, weil die Mädchen sich schneller entwickeln als die Jungen.

1 Tauscht euch über die Vorstellungen der Jungen und Mädchen über das jeweils andere Geschlecht aus. Wo stimmt ihr zu und wo nicht?

2 Stelle dir vor, du würdest dich für einen Tag in ein Mädchen bzw. einen Jungen verwandeln. Beschreibe diesen Tag.

Bücher lesen oder Fußball spielen?

Nennung der häufigsten Freizeitbeschäftigungen   Alter: 6–13 Jahre

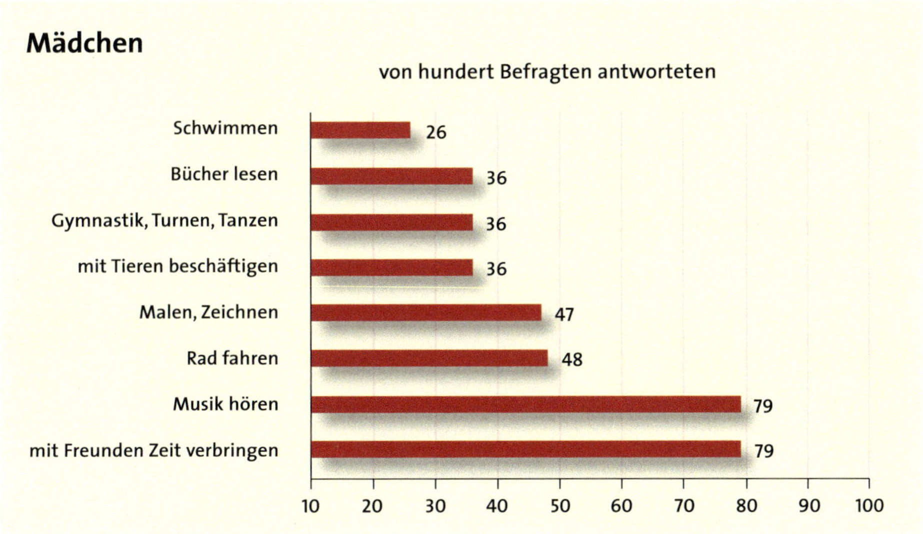

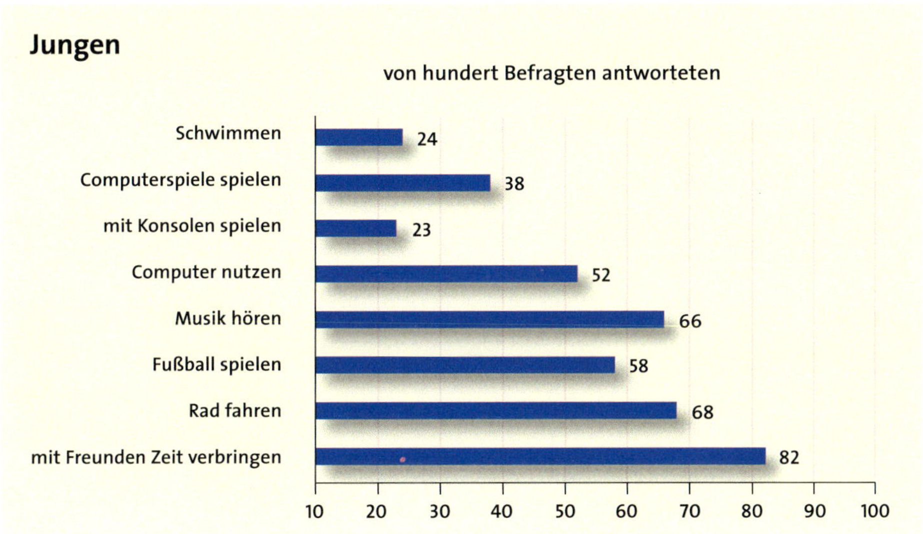

1 Vergleiche die Aussagen der Mädchen und Jungen über ihre Freizeit. Welche Gemeinsamkeiten und welche Unterschiede gibt es?

2 Führt in eurer Klasse eine Umfrage zu Freizeitbeschäftigungen durch.

Eine Umfrage planen und durchführen

Eine Umfrage dient dazu, das Meinungsbild einer großen Gruppe von Menschen zu ermitteln. Sie kann z. B. mithilfe eines Fragebogens durchgeführt werden. Um diesen gründlich vorzubereiten, geht ihr in folgenden Schritten vor:

1. Überlegt genau, was ihr mit eurer Umfrage herausfinden wollt. Formuliert dazu eine Hauptfrage.
   - Krankenschwester oder Feuerwehrmann: Gibt es typische Berufe für Mädchen und Jungen?
   - Abgeschminkt: Was halten Mädchen und Jungen von Make-up?
   - ...

2. Sammelt Fragen, die euch im Zusammenhang mit eurer Hauptfrage besonders interessieren. Von den Befragten wollen wir wissen,
   - was typische Männer- oder Frauenberufe sind,
   - welche Berufswünsche Mädchen und Jungen an unserer Schule haben,
   - wie sie auf eine Frau am Lenkrad eines Busses oder auf einen Mann in einer Kita reagieren,
   - ...

3. Formuliert eure Fragen so, dass deutlich wird,
   - ob man sich für Ja oder Nein entscheiden muss,
   - ob etwas angekreuzt oder mit eigenen Worten beantwortet werden soll,
   - ob ihr eine oder mehrere Antworten erwartet.

4. Überlegt, unter welchen Personen ihr eure Umfrage durchführen wollt. Damit eure Ergebnisse auch aussagekräftig sind, solltet ihr so viele Menschen wie möglich befragen:
   - alle Mädchen und Jungen der 6. Klassen eurer Schule,
   - Eltern und Geschwister.

1 Plant mit diesen ersten vier Schritten eine eigene Umfrage.

5. Schreibt euren Fragebogen am Computer. Formuliert eine Einleitung, in der ihr das Ziel eurer Befragung nennt.

Krankenschwester oder Feuerwehrmann?

Mit dieser Befragung wollen wir, die Klasse 6, herausfinden, ob es typische Berufe für Mädchen oder Jungen gibt. Der Fragebogen ist anonym.

1) Was bist du? Kreuze an. ☐ Mädchen ☐ Junge

2) Welche der folgenden Berufe findest du typisch für eine Frau? Du kannst mehrere Antworten ankreuzen.

☐ Krankenschwester ☐ Kamerafrau
☐ Elektrikerin ☐ Verkäuferin
☐ Polizistin ☐ Hausfrau

3) Welche der folgenden Berufe findest du typisch für einen Mann? Du kannst mehrere Antworten ankreuzen.

☐ Krankenpfleger ☐ Kameramann
☐ Elektriker ☐ Verkäufer
☐ Polizist ☐ Hausmann

4) Notiere hier deinen Berufswunsch. ______________________

6. Führt eure Befragung durch. Legt einen Termin für die Abgabe der Fragebögen fest.

7. Wertet die Fragebögen aus. Sucht dafür die häufigsten und die seltensten Antworten heraus. Erstellt eine Rangfolge. Unterscheidet nach Mädchen und Jungen.

2 Führt nun eure geplante Umfrage durch und wertet sie aus.

Für den 13-jährigen Matthew ist das ruhige Leben vorbei, als seine Eltern Sam bei sich aufnehmen. Sam flucht viel und wird schnell gewalttätig. Matthew und seine Freunde Jake und Tyrone denken sich eine fast unmögliche Mutprobe aus: Sam soll sich in der ersten Schulwoche als Mädchen ausgeben.

Terence Blacker

boy 2 girl

Matthew

Wir warteten. Nach ein paar Minuten hörten wir Schritte auf der Treppe. Die Tür ging auf und Sam kam rein.

Die Stille im Raum zog sich sekundenlang hin.

»Und?«, fragte Sam schließlich.

»Oh ... mein ... Gott«, murmelte Jake.

»Das ist echt gruselig«, sagte Tyrone.

»Boah«, sagte ich.

Sam stand da, die Hand auf der Hüfte, die Haare zum Pferdeschwanz gebunden. »Was?«, fragte er. »Was ist?«

Der knallharte Sam-Ton aus dem Mund dieses Geschöpfes, dieses Mädchens, haute uns alle drei um.

Jake fing als Erster an zu lachen. »Das ist irre!«, schnaufte er.

Tyrone bedeckte sein Gesicht mit den Händen, dann linste er zwischen den Fingern hindurch, als könnte er nicht recht glauben, was er gesehen hatte. »Das gibt's nicht«, sagte er.

»Was habt ihr denn?«, fragte Sam verärgert.

Aus irgendeinem Grund wurde ich plötzlich rot. »Tut mir leid, Sam«, sagte ich und versuchte, ein Lächeln zu unterdrücken. »Aber da kann man nichts machen – du bist einfach perfekt – du bist zu hundert Prozent ein Mädchen.«

Mit einem harten, gefährlichen Blick tat er ein paar langsame Schritte auf uns zu. In der Mitte des Raumes entdeckte er den Spiegel über dem Kamin und stellte sich prüfend davor.

»Jap«, sagte er grimmig. »Ich bin echt 'ne Braut.«

Tyrone

Plötzlich war's kein Witz mehr. Sam sah als Mädchen so gut aus, dass aus der komischen Idee, die das Ganze noch vor ein paar Minuten gewesen war, eine todernste Angelegenheit wurde.

Er ließ sich aufs Sofa fallen und popelte auf eine so aggressive, herausfordernde Art in der Nase, als wollte er sich selbst vergewissern, dass er immer noch der alte Sam war, auch wenn er Mädchenkleidung und einen ordentlichen Pferdeschwanz trug.

»Also, worum geht's denn nun?«, fragte er. »Abgesehen davon, dass ich irgendwie blöd aussehen soll.«

»Wir wollen nicht, dass du blöd aussiehst«, sagte Matthew. »Wir wollen uns nur an den Zicken rächen. Es ihnen zeigen. Ein paar von ihren dämlichen, kleinen Geheimnissen auskundschaften.«

»Eh, jetzt hört doch mal auf. Das alles bloß, um ein paar Weiber aufzumischen?« [...]

Wie er dort so saß, mit seinem Pferdeschwanz spielte, schien er eigenartig entspannt, als könnte er sich jetzt, da er im Zentrum der Aufmerksamkeit war, ruhig zurücklehnen – als wäre er im Rock mehr er selbst. »Wird nicht so leicht sein. Neue Schule und alles.«

»Wir werden dir helfen«, sagte ich.

Sam überlegte einen Moment. »Wir machen das zusammen, ja? Ich war noch nie ein Mädchen.«

»Natürlich«, sagte Jake. »Wir sind die Bunkerbande. Wir sind ein Team, wir gehören zusammen.«

Sam legte ein Bein über die Sessellehne.

»Okay, bin dabei«, sagte er cool. Er kratzte sich am Oberschenkel und dabei blitzte kurz seine blaue Unterhose auf. »Und hört ja auf, mir unter den Rock zu starren.« [...]

1 Beschreibe die Wirkung, die Sam auf Matthew, Jake und Tyrone hat.

2 Stellt euch vor, wie Sam seiner neuen Klasse vorgestellt wird. Improvisiert dazu eine kleine Szene.

Zia

Ob ich sie bemerkt habe? Wie hätte irgendwer sie übersehen können? Sie lief durch die Aula, als gehörte sie ihr.

Charley

Sie kaute Kaugummi. Das fiel mir als Erstes auf. Die Lehrer der Bradbury-Hill-Schule waren nicht besonders streng, aber das Kaugummi-Verbot setzten alle durch, als wären Kaugummis Drogen oder so was. Und da kommt diese Neue am ersten Schultag des Jahres in die Aula und kaut Kaugummi. Wenn das kein Zeichen von Charakter ist!

Elena

Normalerweise kann ich Angeberinnen nicht leiden, aber dieses neue Mädchen hatte was, das mich faszinierte. Wie sie sagte: »Ich bin Sam, Ma'am«, und dann hinzufügte, ihre Mum sei Feministin[1], als wäre sie richtig erschüttert, dass sie das erklären musste. Ich glaube, ich mochte sie, weil sie sich so verhalten hat, wie es die meisten in so einer Situation gerne täten. [...]

Charley

Das war der Sam-Effekt. Plötzlich wollten alle Mädchen so sein wie sie. Und es gab keinen Zweifel – die Rolle gefiel ihr. Und sie fing an zu erzählen, wie es in Amerika läuft.

Im Grunde, sagte sie, seien dort die Mädchen die neuen Typen. Sie hätten kapiert, dass sie am besten mit Jungs klarkommen, wenn sie so werden wie sie, mit ihnen in der Sprache sprechen, die sie verstehen.

»Zum Beispiel«, sagte sie an jenem Vormittag zu einigen von uns auf dem Hof, »so wie ihr Mädchen dasteht, das sieht einfach zu untertänig aus, zu ...«, und das sagte sie gespielt verächtlich, »... weiblich.«

»Was ist denn an weiblich schlecht?«, fragte Elena.

Sam blickte sie scharf an.

»Schon gut«, sagte El.

»Seht ihr, was ich meine.« Sam lächelte. »Du brauchst einem Mädchen bloß scharf in die Augen zu gucken und schon hast du das Sagen. Das solltet ihr mal ausprobieren.«

1 Frau, die sich aktiv für die Gleichberechtigung von Frauen einsetzt

»Wenn wir Jungs anstarren, dann denken die, wir finden sie gut«, sagte Elena.

Einige Jungen aus der Neunten liefen an uns vorbei und unterhielten sich. Als einer von ihnen Sam ansah, starrte sie zurück. Der Junge schien zusammenzuzucken, als wäre er von einer Papierkugel getroffen worden, dann ging er eilig weiter.

»Seht ihr?«, sagte Sam. »Wenn ihr's richtig macht, kriegen die voll mit, was Sache ist. Jetzt zur Haltung.«

Sie stand, die Beine leicht auseinander, die Arme locker an der Seite hängend. Dann rollte sie die Schultern und griff sich vorne an den Rock, als müsste sie dort etwas zurechtrücken.

Wir lachten.

»Das geht nicht«, sagte ich. »Das ist zu vulgär[2].«

»Vulgär ist gut«, sagte Sam. »Vulgär sein ist die neue Höflichkeit. Und jetzt: Wie viele von euch können rülpsen?«

Jake

Plötzlich benahmen sich alle Mädchen der Achten wie Robert de Niro. Es war irre. Sam war zwei Tage in der Bradbury-Hill-Schule und schon war er ein verdammtes Idol, und die Mädchen, selbst so schüchterne wie Zia Khan, stolzierten herum, kratzten sich im Schritt und starrten jeden Jungen bedrohlich an, der es wagte, sie anzuschauen. [...]

2 auf abstoßende Weise derb, gemein

3 Trage zusammen, was den anderen Mädchen an Sam gefällt.

4 Wie beschreibt Jake die Veränderungen der Mädchen?

Matthew

Sam gefiel seine Rolle als Mädchen so gut, dass wir ihn kaum noch bremsen konnten.

Als wir vier uns am Nachmittag auf den Heimweg machten, ließ er sich lang und breit darüber aus, dass Zia, Charley und Elena super waren, wie anders es war, mit ihnen zu reden als mit uns.

»Zum Beispiel Gefühle«, sagte er plötzlich. »Es ist okay, über das zu reden, was in einem vorgeht. Das hab ich echt gerafft.«

»Machen wir doch auch.« Jake ging vorneweg, die Hände in den Taschen. »Ich rede die ganze Zeit mit Tyrone über meine Gefühle, stimmt's, Ty?«

»Klar«, murmelte Tyrone wenig überzeugend. »Wir sagen uns alles.«

»Und noch was: Wir haben beschlossen, dass wir in diesem Schuljahr alle ein Tagebuch schreiben«, fuhr Sam begeistert fort. »Da schreiben wir alles rein, was passiert, alle unsere Geheimnisse.«

»Tagebuch?« Auf Tyrones Gesicht spiegelte sich echter Ekel. »Das ist doch die totale Mädchennummer, Sam.«

»Was für Geheimnisse?«, fragte ich.

Wir betraten den Park, und aus Sam kam ein Ton, den man nur als Kichern bezeichnen kann. »Oh, zum Beispiel, dass ein gewisser Mark Kramer sich für mich interessiert.«

»Kramer? Der Typ aus der Zehnten?«, fragte Jake.

»Genau«, sagte Sam. »Und es heißt, er ist total scharf auf eine gewisse Sam Lopez. Die anderen Mädchen sind so was von eifersüchtig! Alle wollen Marks Freundin sein, aber er hat nur Augen für mich. So viel zum Thema Liebe.«

»Sam«, sagte ich, so sanft ich konnte. »Sam, er ist ein Junge.«

»Falsch«, zwitscherte Sam fröhlich. »Er ist ein Bild von einem Mann – der Mann der Zehnten. Mark und Sam. Sam und Mark. Das klingt sogar gut.«

»Aber warum willst du mit einem Jungen ausgehen?«, fragte Tyrone.

Sam zuckte die Achseln. »Spaß haben. Lachen. Sachen zusammen machen. Und hinterher, wer weiß?« [...]

5 Tauscht euch darüber aus, was es bedeutet, »über Gefühle zu reden«.

Matthew

Inzwischen war die Aktion Samantha eine totale Pleite. Mit der Bunkerbande war's vorbei, die Zicken spielten keine Rolle mehr. Alles war anders geworden.

Aber nichts hatte sich so sehr verändert wie Sam Lopez. Im Unterricht war er vorneweg, seine kleine, tintenverschmierte Hand war immer mit in der Luft, wenn die anderen Streber und Sesselpupser sich meldeten.

Ein paar Tage im Rock und schon benahm sich Sam im Grunde wie ein Mädchen: Er quatschte die ganze Zeit, schmiss sich an seine Freundinnen ran, wenn er mit ihnen den Flur langlief, oder er nahm sie am Arm, wenn er ihnen irgendeinen neuen Klatsch mitzuteilen hatte.

Was da geschah, war sehr merkwürdig und beängstigend – so seltsam und unangenehm, dass es niemand von uns zur Sprache brachte, obwohl wir es alle wahrnahmen. Sam veränderte sich. Er wurde tatsächlich netter, leichter ansprechbar, menschlicher.

6 Überlege, woran es liegen könnte, dass Sam netter geworden ist.

7 Beschreibe das Verhältnis zwischen Mädchen und Jungen in deiner Klasse – untereinander und zueinander.

8 Lies das gesamte Buch »boy 2 girl« und stelle es deiner Klasse vor.

Fachübergreifendes

Mädchenschule – Jungenschule

Vom getrennten zum gemeinsamen Lernen

Dass Jungen und Mädchen in einer Klasse gemeinsam lernen, ist für uns heute selbstverständlich. Aber das war nicht immer so. Früher wurden Jungen und Mädchen getrennt unterrichtet, oft sogar in unterschiedlichen Schulhäusern.

Ausnahmen gab es nur bei den Grundschulen, und dort vor allem auf dem Land. Weil es oft nur einen Dorfschullehrer gab, wurden Mädchen und Jungen aus praktischen Gründen zusammen unterrichtet. Meist saßen auch Kinder unterschiedlichen Alters zusammen in einem Klassenraum.

Spätestens ab der 5. Klasse aber herrschte getrennter Unterricht vor. Die Jungen gingen auf ein Gymnasium, die Mädchen auf das Lyzeum. Dort gab es andere Fächer und die Mädchen konnten mit ihrem Abschluss keine Universität besuchen.

1880

Anfang des 20. Jahrhunderts durften einige Mädchen an den Jungengymnasien lernen, Abitur machen und später studieren. Doch erst in den 50er-Jahren wurde die gemeinsame Schule als Schultyp eingeführt. Heute gibt es nur noch wenige reine Mädchen- oder Jungenschulen in Deutschland. Aber an manchen Schulen werden wieder erste Versuche gestartet, Mädchen und Jungen in einzelnen Fächern getrennt zu unterrichten, z. B. in den Naturwissenschaften oder im Sport.

Handarbeit für die Mädchen, Latein für die Jungen

An den Mädchenschulen lag der Schwerpunkt auf Handarbeit, Hauswirtschaft und Religion. Ziel war es, die Mädchen auf ihre Rolle als Hausfrau und Mutter vorzubereiten. Denn weil sie sowieso heiraten würden, wäre Bildung nur verschwendet, hieß es damals. Fächer wie Naturwissenschaften, Mathematik und Latein, die bei den Jungen hauptsächlich auf dem Stundenplan standen, galten für die Mädchen als zu schwierig. Die Jungen wurden in der Schule dazu erzogen, später einmal zu arbeiten, um die Familie zu versorgen. Ihnen wurde aber auch vermittelt, dass sie es seien, die die Welt erforschen und Geschichte machen würden.

1908

1 Gib die wichtigsten Informationen aus dem Sachtext wieder. Was erfährst du über die Schule in früheren Zeiten?

2 Plant eine Umfrage, ob Mädchen und Jungen auch heute wieder getrennt unterrichtet werden sollen. Führt sie in eurer Klasse oder Schule durch.

3 Erkundigt euch, welche ehemaligen Mädchen- oder Jungenschulen es in eurer Umgebung gegeben hat. Berichtet darüber.

Merkwissen

Autorin, Autor	(*lat.* auctor – Urheber, Verfasser) Verfasser von literarischen (erzählenden, lyrischen, dramatischen) Texten, aber auch von Drehbüchern, Fernsehspielen oder Sachtexten (Fachbuch-, Lehrbuch-, Sachbuchautor).
Ballade	(*ital.* ballata – Tanzlied) Zunächst ein zum Tanzen gesungenes Lied mit Refrain, das sich ab Mitte des 18. Jh. zum Erzählgedicht mit einer spannenden bzw. dramatisch zugespitzten Handlung entwickelte. Erzählt wird in Strophen und meist in gereimter Form.
Brainstorming	(*engl.* brain – Gehirn, *engl.* storm – Sturm) Eine Methode zur Ideenfindung oder Problemlösung. Dabei werden Gedanken, Gefühle, Ideen und Begriffe zu einer Frage oder einem Problem gesammelt und ungeordnet notiert.
Cluster	(*engl.* Haufen, Schwarm, Anhäufung, Traube) Genau wie → Brainstorming eine Methode zur Ideenfindung oder Problemlösung. Auch hier werden um einen Ausgangsbegriff herum spontan und schnell damit verbundene Gedanken, Gefühle, Erlebnisse geäußert. Diese werden allerdings nicht völlig ungeordnet aufgeschrieben, sondern wie ein Netz miteinander verkettet, sodass bestimmte ursächliche Zusammenhänge sichtbar werden.
Dialog	(*griech.* dialogos – Wechselrede, Zwiegespräch) Unterredung zwischen zwei oder mehreren Personen im Unterschied zum → Monolog (Selbstgespräch). Theaterstücke bestehen fast ausschließlich aus Dialogen, diese kommen aber auch in allen anderen Textsorten vor.
Erzähler, Ich-Erzähler	Eine vom → Autor geschaffene Figur, die die Geschichte erzählt, d. h., Autor und Erzähler sind immer zu unterscheiden. Eine Autorin kann z. B. einen männlichen Erzähler die Geschichte vortragen lassen oder ein erwachsener Autor aus der Sicht eines Kindes schreiben. Schildert eine Figur in der Ich-Form, wie sich die Dinge aus ihrer Perspektive zugetragen haben, dann handelt es sich um einen Ich-Erzähler.

Erzähl-perspektive	Die Perspektive (Sicht), aus der ein Geschehen erzählt wird. Eine Erzählung kann aus der Sicht einer beteiligten Person erzählt sein, d.h. in der Ich-Form, oder der Erzähler befindet sich außerhalb des erzählten Geschehens, d.h., es wird in der Er- oder Sie-Form erzählt.
Fabel	(*lat.* fabula – Erzählung) Kurze Geschichte, mit der eine Lehre oder Moral vermittelt wird. Meist handeln sie von Tieren, die menschliche Eigenschaften verkörpern, z.B. der listige Fuchs, der gierige Wolf, die faule Grille.
Figur	(*lat.* figura – Gestalt, Wuchs) Jede Person, die in einem literarischen Text vorkommt.
Gedicht	In einem Gedicht möchte der Autor Gedanken und Gefühle zu einem bestimmten Thema ausdrücken (z.B. Natur, Liebe, Politik). Dabei verwendet er oft sprachliche Bilder. Gedichte kann man in → Strophen unterteilen, die aus mehreren → Versen bestehen. Gedichte haben einen bestimmten Rhythmus und können sich nach einem bestimmten Schema → reimen. In Gedichten spricht oft ein »Ich«, das aber nicht mit dem Autor verwechselt werden darf.
Gestik	Bezeichnet Körperbewegungen, um Aussagen zu unterstützen oder um sich ohne Worte zu verständigen.
Haiku	(*jap.* lustiger Vers) Ist die kürzeste Gedichtform, die ursprünglich aus Japan stammt. Das Haiku besteht aus 17 Silben, die auf drei Verse zu 5, 7, 5 Silben verteilt sind. Themen sind vor allem Beobachtungen aus der Natur.
Hörspiel	Ein für den Hörfunk produziertes oder bearbeitetes Stück, das allein mit akustischen Mitteln (Stimme, Musik) arbeitet.
Konflikt	(*lat.* conflictus – Zusammenstoß) Problem der Hauptfigur, das sie im Verlauf der Handlung lösen muss. Das kann ein Streit sein oder eine schwierige Entscheidung.
Literatur	(*lat.* litterātūra – Buchstabenschrift, Schrifttum) Bezeichnung für alle Texte, die aufgezeichnet und veröffentlicht werden. Manchmal wird der Begriff Literatur auch in einem engeren Sinn verwendet und meint dann vor allem die künstlerische Literatur.

Mimik	(auch Miene oder Mienenspiel) Bezeichnet den Gesichtsausdruck. Im Alltag und auf der Bühne oder im Film kann man an der Mimik die Gefühle eines Menschen ablesen.
Monolog	(*griech.* monologos – allein sprechend) Selbstgespräch einer Person im Gegensatz zum Zwiegespräch (→ Dialog). Im Drama, aber auch in erzählender Literatur kann eine handelnde Figur in einem Monolog ihre Gedanken äußern.
Pantomime	(*griech.* pantomimos – alles nachahmend) Eine Form der Schauspielkunst, bei der die Handlung ohne Worte, sondern nur durch → Mimik und → Gestik veranschaulicht wird.
Parallelgedicht	Übernimmt das Muster des Vorbilds und füllt es mit neuem Inhalt.
Puppenspiel	(auch Figurentheater) Sonderform des darstellenden Spiels, bei dem Figuren oder Gegenstände von einem meist verdeckten Puppenspieler geführt werden.
Refrain	(*frz.* refrain – Echo) Regelmäßig wiederkehrende Wortgruppe in Liedern oder Gedichten. Der Refrain steht meist zwischen den einzelnen Strophen.
Regieanweisung	(*frz.* régie – Verwaltung) Hinweise des Bühnenautors zu Bühnenbild, Sprechweisen, Figurenverhalten und Kostümen. Diese Hinweise werden nicht mitgesprochen. Im Text sind sie meist schräg gedruckt oder in Klammern gesetzt.
Reim	Gleichklang von Wörtern *(Hut – gut)*. Die häufigste Reimform ist der Endreim, d.h., Wörter reimen sich am Ende zweier → Verse. Endreime sind z.B. der Paar-, der Kreuz- und der umarmende Reim. Beim Paarreim reimen sich zwei Verse unmittelbar aufeinander (Form: aabb). Beim Kreuzreim reimt sich ein Vers jeweils mit dem übernächsten (Form: abab). Und beim umarmenden Reim wird ein Paarreim von einem anderen Reim umschlossen (Form: abba).
Rollenkarte	Eine Methode, um sich in literarische → Figuren hineinzuversetzen. Dient zur Vorbereitung auf das szenische Spielen. Auf der Vorderseite steht der Name der Figur, auf der Rückseite werden wichtige Informationen wie Alter, Wohnort, Aussehen, Eigenschaften, Verhalten, Gefühle und eine typische Aussage notiert.

Sage	Mündlich überlieferte Erzählung von teils wunderbaren Begebenheiten, die sich auf historische Ereignisse, Naturerscheinungen oder landschaftliche Eigenheiten beziehen. In der S. können auch Zwerge, Elfen, Riesen, vermenschlichte Tiere oder Menschen mit übernatürlichen Fähigkeiten auftreten, im Gegensatz zum Märchen wird jedoch ein höherer Realitätsanspruch gestellt. Man unterscheidet Heimat- und Ortssagen (wie »Krabat« oder »Die Rosstrappe«), Göttersagen (wie »Prometheus«) oder Heldensagen. Die Helden zeichnen sich dadurch aus, dass sie eine große Aufgabe erfüllen oder einem vorherbestimmten Schicksal folgen müssen. Oft stehen sie in Kontakt mit Göttern, haben magische Helfer (wie Tarnkappen, Zauberschwerter) oder übernatürliche Kräfte. Es gibt bekannte griechische Heldensagen, wie die um »Odysseus Irrfahrten« oder den »Trojanischen Krieg«, keltische Heldensagen um »Artus und die Ritter der Tafelrunde«, germanische Heldensagen, wie den »Ring der Nibelungen«.
Sketch	*(engl.* sketch – Skizze) Kurze, witzige Szene mit einer überraschenden Wendung.
Schwank	*(mhd.* swanc – Streich, Hieb) Seit dem 15. Jahrhundert Bezeichnung für eine kleine Erzählung in Versen oder auch in Prosa mit scherzhaftem oder moralischem Inhalt. Oft handeln Schwänke von lustigen Begebenheiten, kleinen Pannen im Alltag oder auch der Überlistung eines dummen Menschen durch einen klugen, wie bei Till Eulenspiegel oder Hodscha Nasreddin.
Stegreifspiel	Kurzes Rollenspiel, das unvorbereitet in Szene gesetzt wird. Nur das Thema ist meist vorgegeben.
Strophe	*(griech.* strophe – Wendung, Dehnung) Abschnitt eines Gedichts, der sich aus mehreren → Versen zusammensetzt.
Szene	*(griech.* skene – Zelt, Bühne) Sinneinheit innerhalb einer Handlung. Sie ist die kleinste Einheit eines Theaterstücks, oft werden mehrere Szenen zu einem Akt zusammengefasst. Im Film besteht eine Szene aus einer oder mehreren Einstellungen.
szenischer Text	Wird in → Dialogen geschrieben, es gibt keinen → Erzähler. Ziel ist es, den Text als Handlung zu spielen. Oft gibt es → Regieanweisungen, die Hinweise zur Handlung oder zum Sprechen geben.
Vers	*(lat.* versus – Wendung, Linie) Bezeichnet die einzelne Gedichtzeile. Mehrere Verse ergeben eine → Strophe.

Quellenverzeichnis

Althaus, Peter Paul (1892–1965): *Es gehen Schritte… (S. 58).* Aus: Gödden, Walter und Bühren, Georg (Hg.): Ansichten aus der Traumstadt. Der Dichter Peter Paul Althaus (1892–1965). Münster: Ardey 1992, S. 35.

Barron, T. A. (geb. 1952): *Merlin und die sieben Schritte zur Weisheit* (Auszug) *(S. 127).* Übersetzt von Irmela Brender. München: dtv 2000, S. 286–291.

Basho (1644–1694): *Welch eine Freude (S. 70).* Aus: Bazzano, Manu (Hg.): Zen-Gedichte. Düsseldorf: Patmos 2006, S. 226.

Blacker, Terence (geb. 1948): *boy 2 girl* (Auszug) *(S. 144).* Übersetzt von Heike Brandt. Weinheim, Basel: Beltz & Gelberg 2006, S. 47–49, 61, 66, 105 f., 115 f., 130 f.

Bücher lesen oder Fußball spielen? (S. 141). Zitiert nach: Die KidsVerbraucherAnalyse 2008. Im Auftrag des Egmont Ehapa Verlages. http://www.ehapa-media.de/pdf_download/Praesentation_%20KVA08.pdf [04. 08. 2009]

Bydlinski, Georg (geb. 1956): *Sonnenaufgang (S. 63).* Aus: Brand, Heinz (Hg.): Ach du liebe Zeit. Ein Bummel durch Tages- und Jahreszeit. Oldenburg: Lappan Verlag 2007, S. 11. *Garten (S. 69).* Aus: ebenda, S. 73. *Das duschende Gespenst (S. 88).* Aus: Gelberg, Hans-Joachim (Hg.): Die Erde ist mein Haus. Weinheim, Basel: Beltz & Gelberg, 1988, S. 42 f.

Claudius, Matthias (1740–1815): *Abendlied (S. 67).* Aus: M. C.: Der Mond ist aufgegangen. Gedichte und Prosa. Eine Auswahl von Reinhard Görisch. Frankfurt/M.: insel taschenbuch 1998, S. 120 f.

Der kleine Prinz (S. 102). Theaterstück nach Antoine de Saint-Exupéry. Fassung des carrousel Theaters (heute: Theater an der Parkaue), Berlin 1994, S. 19–22.

Döhl, Reinhard (geb. 1934): *Apfel (S. 51).* Aus: Gomringer, Eugen (Hg.): konkrete poesie. Stuttgart: Philipp Reclam Junior 1992, S. 38.

Eichendorff: Joseph von (1788–1857): *Der Morgen (S. 62).* Aus: J. v. E.: Gesammelte Werke. Berlin: Karl Voegels Verlag 1928, S. 64.

Ellis, Deborah (geb. 1960): *Die Sonne im Gesicht. Ein Mädchen in Afghanistan* (Auszug) *(S. 22).* Übersetzt von Anna Melach. Wien, München: Jungbrunnen Verlag 2001, S. 9–12.

Frank, Karlhans (1937–2007): *Wie alle Leute im Dorf über Till Eulenspiegel klagten (S. 72).* Aus: Till Eulenspiegel. Das Leben des listigen Schalks, Wortewenders, Genauhinguckers. Neu erzählt von Karlhans Frank. Ravensburg: Maier Buchverlag 1991, S. 8–10.

Funke, Cornelia (geb. 1958): *Gespensterjäger auf eisiger Spur* (Auszug) *(S. 86).* Bindlach: Loewe Verlag 1994, S. 14–17.

Gernhardt, Robert (1937–2006): *Wenn die weißen Riesenhasen (S. 56).* Aus: Brand, Heinz (Hg.): Ach du liebe Zeit. Ein Bummel durch Tages- und Jahreszeit. Oldenburg: Lappan Verlag 2007, S. 60.

Goethe, Johann Wolfgang von (1749–1832): *Erlkönig (S. 60).* Aus: J. W. v. G.: Werke. Hamburger Ausgabe. Bd. 1 Gedichte und Epen I. München: dtv 1998. © C. H. Beck'sche Verlagsbuchhandlung GmbH & Co. KG, S. 154 f. *Gefunden (S. 68).* Aus: ebenda. S. 254 f.

Gomringer, Eugen (geb. 1925): *Wind (S. 52).* Aus: Gomringer, Eugen (Hg.): konkrete poesie. Stuttgart: Philipp Reclam Junior 1992, S. 61. *das schwarze Geheimnis (S. 52).* Aus: ebenda, S. 60. *ping pong (S. 52).* Aus: ebenda.

Grosche, Erwin (geb. 1955): *Das Geheimarchiv der Klara Willemsen. Die Jungs an meiner Schule* (Auszug), *Das Geheimarchiv des Peter Meier. Ein Mädchen aus meiner Klasse (S. 136–137).* Aus: E. G.: Das Schönste überhaupt. München: dtv junior 1998, S. 45–48.

Guggenmos, Josef (1922–2003): *O unberachenbere Schreibmischane (S. 56).* Aus: J. G.: Was denkt die Maus am Donnerstag? 121 Gedichte für Kinder. Weinheim, Basel: Beltz & Gelberg 1998, S. 16. *Die Donner nahen (S. 70).* Aus: J. G.: Groß ist die Welt. Die schönsten Gedichte. Weinheim, Basel: Beltz & Gelberg 2006, S. 24.

Hecht, Gretel und Wolfgang: *Die Heldentaten des jungen Siegfried (S. 123).* Aus: Deutsche Heldensagen. Leipzig, Weimar: Gustav Kiepenheuer Verlag 1969, S. 99–102.

Held, Kurt (1897–1959): *Die rote Zora und ihre Bande* (Auszug) *(S. 132).* Aus: K. H.: Die rote Zora und ihre Bande: Sonderausgabe mit dem Originaltext anlässlich der Neuverfilmung »Die rote Zora«. Düsseldorf: Sauerländer 2008, S. 53–55, 62–63.

Hodscha sucht seinen Esel (S. 74). Aus: Ulich, Michaela; Oberhuemer, Pamela (Hg.): Es war einmal, es war keinmal. Weinheim, Basel: Beltz Verlag 2005, S. 185.

Hüttner, Hannes (geb. 1932): *Herakles befreit Prometheus (S. 120).* Aus: H. H.: Herakles. Die zwölf Abenteuer. Nach Apollodores, Hesiod, Homer, Euripides und anderen Quellen. Berlin: Der Kinderbuchverlag 1979, S. 129–132.

Issa (1763–1828): *Die kleinen Kätzchen (S. 70).* Aus: Bazzano, Manu (Hg.): Zen-Gedichte. Düsseldorf: Patmos 2006, S. 195.

Jandl, Ernst (1925–2000): *ottos mops (S. 54).* Aus: E. J.: der künstliche baum. München: Luchterhand Literaturverlag 2001, S. 58. *fünfter sein (S. 55).* Aus: Meine deutschen Gedichte. Eine Sammlung von Hartmut von Hentig. Velber: Kallmeyer 1999, S. 37.

Kästner, Erich (1899–1974): *Ein Krebs kommt vor Gericht (S. 76).* Aus: E. K.: Die Schildbürger. Hamburg: Cecilie Dressler Verlag 1993, S. 81–86. *Das Pferd auf dem Kirchturm (S. 78).* Aus: E. K.: Die wunderbaren Reisen und Abenteuer zu Wasser und zu Lande des Freiherrn von Münchhausen. Hamburg: Cecilie Dressler Verlag 1992, S. 12–16.

Mädchen sind anders – Jungs auch (S. 138). Aus: KjG Bundesstelle, Düsseldorf (Hg.): http://www.kjg.de/fileadmin/user_upload/pdf/4girls_01.pdf [04.08.2009]

Maiwald, Peter (geb. 1946): *Tag und Nacht (S. 65).* Aus: P. M.: Die Mammutmaus sieht wie ein Mammut aus. Gedichte für Kinder. München, Wien: Hanser Verlag 2006, S. 70.

Manz, Hans (geb. 1931): *Blödsinn (S. 57).* Aus: Harenski, Rita (Hg.): Zauberwort: die schönsten Gedichte für Kinder aus vier Jahrhunderten. Würzburg: Arena Verlag 2004, S. 70. *Achterbahnträume (S. 57).* Aus: Gelberg, Hans-Joachim (Hg.): Überall und neben dir. Gedichte für Kinder in sieben Abteilungen. Weinheim, Basel: Beltz 2001, S. 103.

Morgenstern, Christian (1871–1914): *Die Trichter (S. 53).* Aus: C. M.: Galgenlieder. Palmström. Palma Kunkel. Der Gingganz. Stuttgart: Reclam 1978, S. 15. *Gruselett (S. 53).* Aus: ebenda, S. 137.

Nesbit, Edith (1858–1924): *Die Kinder von Arden* (Auszug) *(S. 36, 48).* Übersetzt von Sybil Gräfin Schönfeldt. Hamburg: Cecilie Dressler Verlag 2001 (Berlin 1959), S. 51 f., 171–174.

Pludra, Benno (geb. 1925): *Jakob heimatlos* (Auszug) *(S. 32).* Berlin: Kinderbuch Verlag 1999, S. 31–33.

Richter, Jutta (geb. 1955): *Der Tag, als ich lernte die Spinnen zu zähmen* (Auszug) *(S. 92).* München: Carl Hanser Verlag 2000, S. 10–15.

Ruppel, Ursula: *Die Kinder von Arden* (Auszug) *(S. 37).* Nach dem Roman von Edith Nesbit. Hörspielbearbeitung für den SWR 2003.

Schiller, Friedrich (1759–1805): *Wilhelm Tell* (Auszug) *(S. 106).* Aus: Thalheim, Hans-Günter. (Hg.): Schiller. Sämtliche Werke in zehn Bänden. Berliner Ausgabe. Bd. 5.1. Berlin, Weimar: Aufbau 1990, S. 161–167.

Schöne, Gerhard (geb. 1952): *Lass uns eine Welt erträumen (S. 8).* Aus der CD: Gerhard Schöne: Kinder-Lieder-Galerie, Sony Music 2004.

Schwab, Gustav (1792–1850): *Das hölzerne Pferd (S. 116).* Aus: Griechische Sagen. Die schönsten Sagen des klassischen Altertums. Nacherzählt von R. Carstensen (nach Gustav Schwab). München: Deutscher Taschenbuch-Verlag, 2001. S. 235–237.

Shiki (1867–1902): *Im alten Garten (S. 70).* Aus: Ulenbrook, Jan (Hg.): Haiku. Japanische Dreizeiler. Stuttgart: Reclam 1995. S. 201.

Siege, Nasrin (geb. 1950): *Juma. Ein Straßenkind aus Tansania* (Auszug) *(S. 26).* Weinheim, Basel: Beltz & Gelberg 1998, S. 79–86.

Solowjow, Leonid (1906–1962): *Wie Nasreddin einen Wirt mit dem Klang des Geldes bezahlte (S. 75).* Aus: L. S.: Die Schelmenstreiche des Nasreddin. Bearb. von Th. Reschke auf der Grundlage einer Übersetzung von Ena v. Baer. Berlin: Volk und Welt 1986, S. 66 f.

Spejbl und Hurvínek (S. 97). Aus: Spejbl und Hurvínek. Texte. Ausgew. und hrsg. v. Miloš Kirschner und Pavel Grym. Übersetzt von Vera Labská. Berlin: Henschelverlag Kunst und Gesellschaft 1975, zit. n. der Lizenzausgabe für die DDR, 2. Auflage 1976, S. 41–43.

Steinhöfel, Andreas (geb. 1962): *Rico, Oskar und die Tieferschatten* (Auszug) *(S. 10).* Hamburg: Carlsen Verlag 2008, S. 64 ff.

Sutcliff, Rosemary (1920–1992): *Paris entführt Helena (S. 112).* Aus: R. S.: Schwarze Schiffe vor Troja. Die Geschichte der Ilias. Aus dem Englischen von Astrid von dem Borne. Stuttgart: Verlag Freies Geistesleben 2004, S. 10–13.

Telek, Nazif (geb. 1957): *Sesamring-Verkäufer (S. 9).* Aus: Gelberg, Hans-Joachim (Hg.): Oder die Entdeckung der Welt. 10. Jahrbuch der Kinderliteratur. Weinheim, Basel: Beltz & Gelberg 1997, S. 15.

Thor, Annika (geb. 1950): *Ich hätte Nein sagen können* (Auszug) *(S. 16).* Aus dem Schwedischen von Angelika Kutsch. Weinheim, Basel: Beltz & Gelberg 2000, S. 39–48.

Twain, Mark (eigentlich Samuel Langhorne Clemens, 1835–1910): *Die Abenteuer von Tom Sawyer* (Auszug) *(S. 80).* Aus: M. T.: Tom Sawyer und Huckleberry Finn. Im Auftrag hergestellte Sonderausgabe. Für die Jugend neu bearbeitet. Wien: Tosa Verlag o. J., S. 15–19.

Ungleichheiten (S. 139). Aus: KjG Bundesstelle, Düsseldorf (Hg.): http://www.kjg.org/fileadmin/user_upload/pdf/4girls_05.pdf [04. 08. 2009]

Was wäre, wenn ... (S. 140). Aus: Publik. Mitgliederzeitschrift der Gewerkschaft »ver.di«, Nr. 03/2002, zit. nach: Hilfe, ich bin ein Junge. BJF-Film-Arbeitshilfen.

Weinert, Erich (1890–1953): *Gespensterballade (S. 59).* Aus: E. W.: Gedichte 1919–1925. Berlin: Aufbau 1970, S. 108.

Wittkamp, Frantz (geb. 1943): *Eben hat er angefangen (S. 64).* Aus: Brand, Heinz (Hg.): Ach du liebe Zeit. Ein Bummel durch Tages- und Jahreszeit. Oldenburg: Lappan Verlag 2007, S. 18.

Texte der Autorinnen

Eine Rollenkarte erstellen (S. 15)
Straßenkinder (S. 31)
Ein Buch im Partnerteam vorstellen (S. 34)
Hör! Spiel! – Interview mit einem Hörspielregisseur (S. 44)
Ein Hörspiel produzieren (S. 46)
Geräusche selbst erzeugen (S. 47)
Gedichte miteinander vergleichen (S. 62)
Der Mond (S. 66)
Wer war Till Eulenspiegel? (S. 73)
Eine Gespenstergeschichte schreiben (S. 91)
Von Kasperle bis Hurvínek (S. 96)
Kochlöffelpuppen herstellen (S. 100)
Tipps für Puppenspieler (S. 101)
Tom Sawyer (S. 110). Ergebnis eines Unterrichtsprojekts der Klasse 6b der »Nordlicht«-Schule in Rostock, unter der Leitung von Andrea Kruse (2008)
Der Trojanische Krieg: Dichtung oder historische Wahrheit? (S. 115)
Helden und ihre Handlungsmotive verstehen (S. 119)
Wer war Merlin? (S. 126)
Eine Umfrage planen und durchführen (S. 142)
Mädchenschule – Jungenschule (S. 150)

Fachübergreifendes

Straßenkinder (S. 31). Autorentext.
Der Mond (S. 66). Autorentext.
Wer war Till Eulenspiegel? (S. 73). Autorentext.
Von Kasperle bis Hurvínek (S. 96). Autorentext.
Der Trojanische Krieg: Dichtung oder historische Wahrheit? (S. 115). Autorentext.
Wer war Merlin? (S. 126). Autorentext.
Mädchenschule – Jungenschule (S. 150). Autorentext.

Lösungen einiger Aufgaben des Lesebuchs

S. 109

Tell Wohlan, o Herr,
Weil Ihr mich meines Lebens habt gesichert,
So will ich Euch die Wahrheit gründlich sagen.
(Er zieht den Pfeil aus dem Goller und sieht den Landvogt mit einem furchtbaren Blick an.)
Mit diesem zweiten Pfeil durchschoss ich – Euch,
Wenn ich mein liebes Kind getroffen hätte,
Und Eurer – wahrlich! hätt ich nicht gefehlt.

Gessler Wohl, Tell! Des Lebens hab ich dich gesichert,
Ich gab mein Ritterwort, das will ich halten –
Doch weil ich deinen bösen Sinn erkannt,
Will ich dich führen lassen und verwahren,
Wo weder Mond noch Sonne dich bescheint,
Damit ich sicher sei vor deinen Pfeilen.
Ergreift ihn, Knechte! Bindet ihn!
(Tell wird gebunden.)

Verwendete Textsorten

Bildquellen

7 Volkhard Binder, Berlin **9** laif, Köln **10** *Buchcover* (Rico, Oskar und die Tieferschatten): Carlsen Verlag, Hamburg, 2008 **16** *Buchcover* (Ich hätte Nein sagen können): Beltz Verlag, Weinheim, 2002 **22** *Buchcover* (Die Sonne im Gesicht): cbj in der Verlagsgruppe Randomhouse, München, 2003 **23** picture-alliance/dpa, Frankfurt a. M. **24** picture-alliance/ZB, Frankfurt a. M. **26** *Buchcover* (Juma. Ein Straßenkind aus Tansania): Beltz Verlag Weinheim, 2002 **29** epd, Frankfurt a. M. **31** picture-alliance/dpa, Frankfurt a. M. **35** Thomas Schulz, Teupitz **45** Hanna Lippmann, Berlin **47** Peter Wirtz, Dormagen **66** Astrofoto, Sörth **70** bpk-images, Berlin **73** picture-alliance/dpa, Frankfurt a. M. **76** *Buchcover* (Die Schildbürger): C. Dressler Verlag, Hamburg, 2006 **78** *Buchcover* (Münchhausen): C. Dressler Verlag, Hamburg, 2006 **80** *Buchcover* (Die Abenteuer von Tom Sawyer): Fischer Verlag, Frankfurt a. M., 2008 **83** Cinetext, Frankfurt a. M. **85** Cinetext, Frankfurt a. M. **92** *Buchcover* (Der Tag, als ich lernte die Spinnen zu zähmen): Deutscher Taschenbuch Verlag, München, 2003 **97** picture-alliance/dpa/Perry, Frankfurt a. M. **99** picture-alliance/ZB, Frankfurt a. M. **100** Angelika Wagener, Berlin **101** Guido Frebel/Lichtblick, Bochum **111** bpk-images, Berlin/Alfredo Dagli Orti **113** akg-images / Erich Lessing, Berlin **115** picture-alliance/dpa, Frankfurt a. M. **123, 125** Illustrationen: Karoline Grunske, Berlin **127** *Buchcover* (Merlin und die sieben Schritte zur Weisheit 2. Buch): Deutscher Taschenbuch Verlag, München, 2001 **132** *Buchcover* (Die rote Zora): Verlag Sauerländer, Düsseldorf, 2007 **135** picture-alliance/dpa, Frankfurt a. M. (*Ballett*) **144** *Buchcover* (boy 2 girl): Beltz Verlag, Weinheim, 2009 **150** bpk-images, Berlin **151** bpk-images, Berlin

de.fotolia.com

©: **8** Franz Pflügl **33** Michalowski Dominik **65** Miredi **68** Annett Göbel **69** Marta P. (Milacroft) **71** Sergey **95** Franz Pflügl (*Stabpuppe*), Vladislav Gajic (*Handspielpuppe*), Klaus Rein (*Fingerpuppe*), Lwzfoto (*Marionetten*) **126** Daniel Gilbey **135** Noam (*Armdrücken*), helix (*tuschelnde Mädchen*), Klaus Eppele (*boxendes Mädchen*) **138** microimages